RUTAS FÁCILES POR LOS PIRINEOS

Texto

Jon Benito
Joan Portell
Mikel Tellagorri
Eduardo Viñuales

Ilustraciones

Iñaki Arce
Armando Valle

súa edizioak

Epalza, 8 - 48007 Bilbao
Tel. 94 416 94 30 - Fax 94 416 69 76
www.sua-edizioak.com
Textos: Jon Benito, Joan Portell, Mikel Tellagorri y Eduardo Viñuales
Ilustraciones: Iñaki Arce y Armando Valle
Fotografías de portada: Jon Benito
Diseño colección: Amel Mendizabal
Maquetación: Aurkene Etxebarria y Begoña Garaizabal
Fotomecánica: ZYMA
Impresión: Leitzaran
ISBN: 978-84-8216-280-5
Depósito Legal: SS-390-2008 Marzo 2008

ÍNDICE

PRIMEROS PASOS

Esta guía recoge una selección de las rutas aparecidas en los especiales *50 rutas fáciles para niños y niñas montañeros* y *50 excursiones para niños y niñas* de las revistas *El mundo de los Pirineos* y *Euskal Herria*, respectivamente. Las presenta en un formato de bolsillo muy manejable y editadas a doble página, para poderlas consultar cómoda y rápidamente. Sin duda, una solución editorial esperada por muchos, ya que su tamaño nos permite transportar el libro con nosotros durante la excursión. Aunque prescinde de las fotografías a color, mantiene los mapas con los itinerarios y toda la información y las indicaciones imprescindibles para poder seguir de forma óptima el itinerario.

Con estas 63 rutas diseñadas por los reconocidos y experimentados pirineístas Jon Benito, Joan Portell, Mikel Tellagorri y Eduardo Viñuales, agrupamos en un solo volumen un montón de buenas ideas y excelentes propuestas para ayudar a los más jóvenes a conocer el mundo del montañismo y a descubrir los rincones más insólitos de los Pirineos.

Entre tanta ruta encontraremos tiempo para todo. Hay excursiones muy cortitas, pensadas para iniciarse y estirar las piernas, mientras que otras exigen un esfuerzo algo mayor y nos harán dar un largo paseo para ir a ver una cascada o para observar el vuelo de las rapaces. Pero también se han programado rutas que permiten desarrollar el montañismo de forma más "seria". Incluso algunas ascensiones "de altura", pero asequibles para los chavales. Propuestas que, en su conjunto, hacen de esta obra una opción ideal para guiar a los más jóvenes en sus primeros pasos por la cordillera.

RECOMENDACIONES BÁSICAS

Todos al monte

Todavía hay personas reticentes a acudir a la montaña con niños. Generalmente, porque tienen la sensación de que va a resultar una actividad pesada e ingrata: para los jóvenes, porque no tendrán interés en una caminata que les lleva de ningún sitio a ninguna parte y que sólo les representa esfuerzo físico. Y a los mayores, porque creen que lo que debería ser una jornada divertida puede llegar a convertirse en un sinfín de lamentos y sollozos.

Por el contrario, una de nuestras máximas editoriales afirma que ir a la montaña con niños y niñas no sólo es posible, sino que es, además, divertido. Y formativo. Para muchas personas, incluso un estilo de vida.

Si somos hábiles, podremos sacar jugo a todas las situaciones, y las pernoctaciones en campings, casas de alojamiento rural o refugios de montaña serán una experiencia intensa para jóvenes y mayores.

Cuestión de prudencia

Deberemos tener muy en cuenta que el 90 % del éxito de una salida montañera se encierra en las decisiones que se toman antes de salir de casa. La tarea consistirá en leer la ruta para saber cuál es su duración, si puede surgir alguna complicación, hasta dónde iremos con el coche y si regresaremos por el mismo camino o completando un círculo. Y después de la lectura viene la tarea de informarse de las condiciones meteorológicas y de los posibles cambios climáticos previstos para los días de ruta. Aunque pensemos que hemos escogido un paseo muy sencillo.

Para evitar lamentos, únicamente hay que planificar los recorridos pensando en las posibilidades de los pequeños y sus intereses, procurando hacer hincapié en todo aquello que sabemos que les atraerá más, guardando tiempo para la improvisación y el descanso regular. No es bueno diseñar un recorrido e ir todo el día con la lengua fuera para cumplir los objetivos. Lo ideal será haber dejado suficiente margen para detenerse y contemplar plantas y animales, a comer bajo un árbol o junto a una fuente, a jugar en una pradera, a recoger flores, a volar una cometa, a bañarse en una poza o, sencillamente, gritar para oír el eco.

Y una vez que nos pongamos en marcha, tan sólo se trata de seguir las mismas precauciones que tomaríamos los adultos para una salida por los Pirineos. Estar atentos a los cambios de tiempo, abrigarnos antes de tener frío y comer y beber antes de tener hambre y sed... y saber retirarnos a tiempo.

El equipamiento adecuado

Por breve que sea el paseo, por buena que haya sido la previsión del tiempo, por sencilla que parezca la ruta, siempre hay que tomar las precauciones mínimas que garanticen una excursión placentera. Debe caminarse siempre con algo de comida y agua (y vigilar con la que se repone durante la ruta, ya que puede estar contaminada), un poco de abrigo, ropa de protección contra la lluvia, gafas de sol, gorro, crema de protección solar para la piel y crema de cacao para los labios, linterna o frontal, mapa y brújula.

Todo ello deberá formar parte, inexcusablemente, del equipo, además de unas botas cómodas.

Consejos e indicaciones

Debemos prestar atención a las indicaciones que los autores nos dan sobre cuestiones ajenas a la ruta concreta a seguir. Recordaremos especialmente cuándo nos aconsejan aprovisionarnos de agua o coger de la mano a los niños (donde hay abismos cercanos, al vadear algunos ríos...).

Por lo que respecta a la edad que se señala como apropiada para la ruta, la sugerencia aportada tan sólo es un dato indicativo. Cada padre deberá tener en cuenta las características de sus hijos y optará por el recorrido según la distancia y el esfuerzo necesario.

Cabrá tener presente que aunque una ruta aconsejada para niños de 0-5 años la puede hacer perfectamente uno de 10, igual resulta una propuesta alejada de sus intereses. Hay que valorarlo y sopesarlo para prevenir muestras de aburrimiento espontáneas.

En algunas rutas se dan indicaciones y consejos propios de cada propuesta, y en algunos casos se explican leyendas sobre el lugar. Son atractivos añadidos a la ruta que pueden ayudar a amenizarla, proponiendo juegos y actividades relacionadas a los chavales.

Sobre las ilustraciones

Iñaki Arce y Armando Bayer han dibujado los itinerarios con maestría y precisión, haciendo un enorme esfuerzo para que se reconozcan los hitos principales de cada excursión. Sus acuarelas están bien documentadas y son muy útiles, pero es importante que nos las tomemos como lo que son, recreaciones artísticas del paisaje. Son hermosas, pero por supuesto no son válidas para "navegar". Debemos tenerlo muy en cuenta y recurrir a la cartografía recomendada en cada una de las rutas.

RESPETO A LA MONTAÑA

En todas nuestras excursiones y salidas al monte deberemos aplicar unas reglas elementales de cortesía y educación ecológica que pueden resumirse en cinco puntos que nunca van más allá del uso del sentido común:

1. El respeto y cumplimiento de las distintas reglamentaciones sobre acampadas, aparcamientos, pistas forestales de circulación prohibida, comportamiento en parques nacionales y naturales, etc.
2. El respeto a las distintas propiedades privadas que podamos encontrarnos durante la ruta, como bordas, casas, fincas...
3. Tendremos también muy en cuenta que gran parte de la flora y la fauna están protegidas (especialmente en espacios y parques naturales) y que en ningún caso deberemos arrancar flores, ni practicar caza ni pesca furtivas.
4. Evitaremos hacer fuego y ruidos molestos.
5. Finalmente, para que nuestro paso por la montaña no deje ningún tipo de rastro, nunca abandonaremos la basura en el monte. La transportaremos con nosotros hasta encontrar un contenedor donde podamos vaciarla.

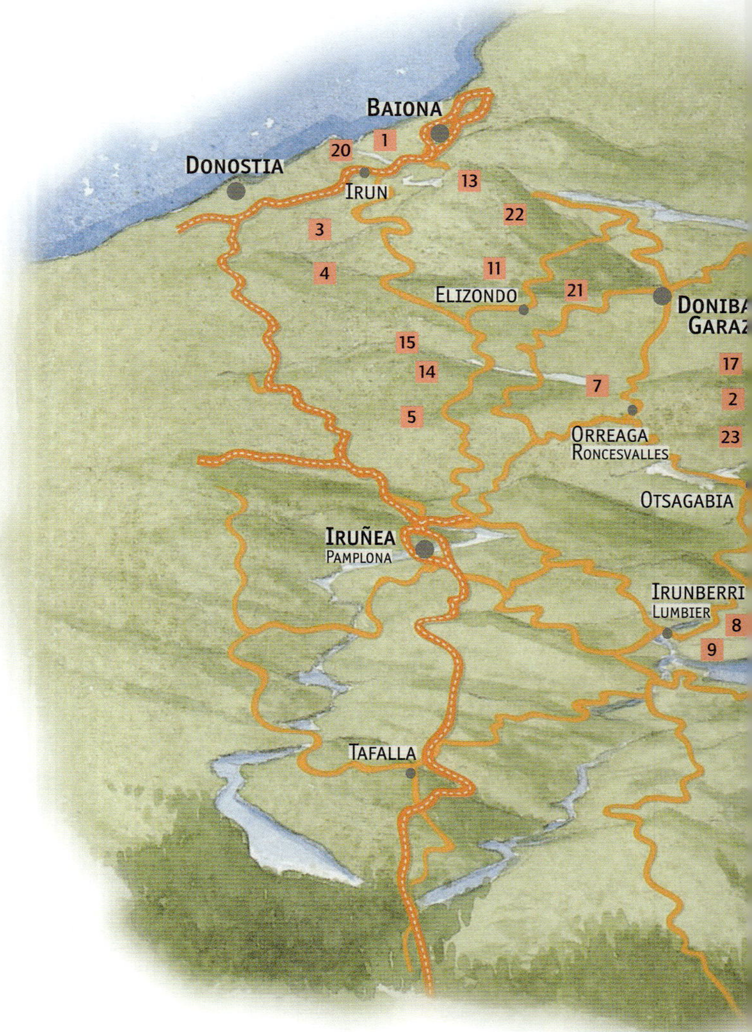
BAIONA
1
20
DONOSTIA
IRUN
13
22
3
4
11
ELIZONDO
21
DONIBA
GARAZ
15
14
7
17
2
5
ORREAGA
RONCESVALLES
23
OTSAGABIA
IRUÑEA
PAMPLONA
IRUNBERRI
LUMBIER
8
9
TAFALLA

SECCIÓN
SECCIÓN

PIRINEO OCCIDENTAL

1 ABBADIA

Este enclave en el litoral lapurtano ofrece acantilados, islotes rocosos, calas profundas, bosques silvestres y amplios pastizales que miran al mar desde el castillo de Abbadia. El bello palacio neogótico del siglo XIX fue mandado construir por el científico, explorador y euskalzale Anton Abbadia.

ACCESOS:
DESDE HENDAIA TOMAR LA D-912 HACIA DONIBANE LOHIZUNE POR LA CORNISA PARA, EN LA PRIMERA ROTONDA, TOMAR A LA IZQUIERDA, DOMAINE D'ABBADIA. EL CASTILLO DE ABBADIA TIENE UN ACCESO DIFERENTE AL DEL PARQUE NATURAL.

El parque natural de Abbadia es uno de los rincones más sugerentes de nuestra costa. Diseñado junto al castillo (donde Abbadia levantó un importante observatorio astronómico, es un resumen de nuestra costa y goza de un importante observatorio de aves migratorias.

Empieza el paseo. Desde el aparcamiento del parque, un sendero se introduce hacia el centro de información ubicado en el bonito caserío Larretxea. Antes de llegar al mismo un sendero desciende levemente a la izquierda por las landas, para dirigirse a la zona costera.

Al camino principal le nacen brazos y sendas por donde acercarse al litoral. Y por ellos nos acercamos a los acantilados donde aparecen las calas salvajes con acceso no aptos para nuestros pequeños exploradores. Más adelante el litoral recor-

TRADICIONES Mala puntería legendaria

Hay una leyenda inspirada en las rocas llamadas en euskara Dunba-Dunba (sonido que reproduce dos cencerros). Dicen que estas dos rocas fueron lanzadas por un gentil pirenaico hacia la catedral de Baiona, símbolo del auge del cristianismo. Pero resbaló con una moñiga y erró en el tiro.

ta de rojo los islotes rocosos llamados en francés Jumeaux (gemelos) o en euskara Dunba-Dunba (Zabala/Luzea), sonido que reproduce dos cencerros.

La senda continúa entre landa y costa hacia la punta de Santa Ana, que se adentra por un campo de batalla, con restos de bunquers de la Segunda Guerra Mundial.

El camino contornea la costa por las grandes campas y se introduce en bosques mixtos de gran belleza coronados por el castillo de Abbadia, al que no se accede desde el parque pero que merece una visita. El parque y el castillo son dos espacios independientes pero complementarios. Seguimos en el parque cuando el camino se aleja de la costa, realizando un bucle por el caserío de estilo labortano de Nekatoenea y por una bella senda de firme de lajas descenderemos hacia el caserío de Larretxea y centro de información.

EDAD: 0-5
TIEMPO: 1 h 10 min
MAPA: Bidasoa. 1:25.000. Ed. Sua

2 ABODI

La sierra de Abodi no son crestas, ni picachos rocosos, simplemente son rechonchas lomas donde pastan cientos de cabezas de ganado lanar. Cuando el invierno aprieta y viste de blanco el Pirineo, las ovejas viajan en trashumancia a la Bardena, del norte al extremo sur navarro.

Al herboso y hermoso puerto de Tapla llegamos desde Otsagabia por la carretera a la Virgen de las Nieves, corazón de Irati. A la derecha, en el mismo puerto, un cartel nos indica el camino. Las marcas verdiblancas, sendero local SL NA-68 caminan hacia la pista ascendente, que en zigzag cicatriza el monte.

Después de la corta subida, la marcha se decide por las herbosas lomas del oriente. Un delicioso paseo que recorre el cordal de la sierra. Proseguimos por el espinazo cimero de praderas continuas sin desniveles estimables, asomando pequeñas cimas secundarias y collados de joroba redondeada o herbosa. El índice geodésico de la cima de Abodi occidental se perfila en un marco donde las cumbres principales del Pirineo se dibujan en el escenario panorámico.

ACCESOS:
PUERTO DE TAPLA, EN EL CARRETIL QUE UNE OTSAGABIA Y LA VIRGEN DE LAS NIEVES - CASAS DE IRATI.

Nuestro camino desciende para alcanzar el popular Paso de las Alforjas, donde dos dolinas en forma de alforja son las causantes de su etimología. Cercano, tendido, yacente, el menhir de Harrizabala, o Piedra de Sansón, personaje bíblico que la mitología vasca coteja con los jentillak o gentiles gigantes que poseían una fuerza descomunal y que la desplegaban tirando piedras al más puro estilo Obelix. Este monumento megalítico sirvió cuando estaba erguido de orientación y guía en estas montañas.

El camino señalizado gira entorno al menhir para hacer el bucle de

EDAD: 5-9

TIEMPO: 1 h 50 min

MAPA: Irati. 1:25.000. Ed. Sua

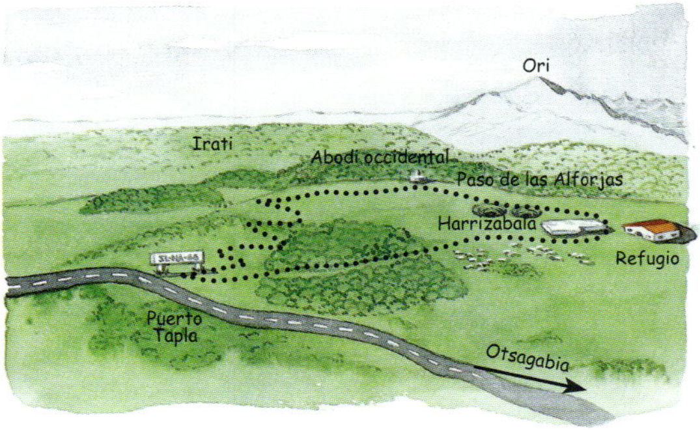

vuelta hacia el puerto de Tapla (este). El sendero desciende por la izquierda del cantil, lateralmente, por los caminos que construyen los rebaños. Aunque deberemos ayudar a los pequeños, es un tramo que no presenta problemas.

Las sendas se dirigen al bosque, buscando algo más abajo un cómodo camino terroso. El camino sigue a la derecha sin desniveles apreciables. Cuando la ruta sale a cielo abierto, los senderos se difuminan en multitud de sendas ganaderas. Tendemos a no bajar a la carretera y a no perder altura.

A los peques se les puede hacer algo larga esta travesía, sobre todo a la vuelta, por lo que es bueno motivarles durante el regreso hasta visualizar cercano el puerto de Tapla. Si es verano, es frecuente que en este punto de partida y llegada encontremos rebaños.

TRADICIONES La trashumancia

Cuando la pasa de palomas anunciaba el invierno, los pastores salacencos y roncaleses, realizan la trashumancia con sus rebaños al calor de las Bardenas. De norte al sur. Y a la inversa, en la primavera vuelven al clima templado del Pirineo. Actualmente aún quedan las últimas generaciones que realizan este camino a pie. Hablar con los pastores puede ser una bonita experiencia.

3 AIAKO HARRIA

Próximas a la costa de Gipuzkoa, Aiako Harria (las Peñas de Aia) constituyen el primer relieve agreste del Pirineo vasco. Incluidas en el parque natural que lleva el mismo nombre, desde sus tres cimas obtendremos una de las mejores vistas de la bahía de Txingudi.

Aiako Harria está formada por un macizo granítico que se originó hace 250 millones de años y en el que la erosión ha moldeado tres cimas: Irumugarrieta (812 m), Txurrumurru (821 m), y Erroilbide (837 m). Nuestro objetivo serán las dos primeras, dado que el ascenso al Erroilbide puede ser complicado.

La ruta comienza en el alto de Elurretxe. Las peñas son bien visibles y enfilamos hacia un panel informativo sobre las diversas rutas posibles. Continuamos hasta una alambrada con un cartel que prohíbe el paso por la antigua senda para proteger el suelo de la erosión. Seguimos hacia la izquierda, paralelos a ella, para dar con un sendero que se introduce en un hayedo joven, en cuyos troncos veremos las marcas del recorrido, blancas y azules.

Pasamos junto a una nevera (gran hondonada de piedra donde se acumulaba la nieve para transformarla en hielo). Al finalizar la alambrada veremos un búnker, hacia el que nos dirigimos. A su altura la senda se hace más amplia hasta que en un giro a la derecha se estrecha y comienza a zigzaguear, ganado altura con rapidez.

Llegamos a una nueva alambrada, que dejamos a nuestra derecha. El camino asciende y vemos a la izquierda la gruta de la virgen de Juncal. Tras visi-

ACCESOS:
POR LA CARRETERA DE OIARTZUN A IRUN Y DESVÍO EN DIRECCIÓN AL BARRIO DE GURUTZE. A LOS 2 KM, UN CARTEL INDICA LA DESVIACIÓN QUE LLEVA AL CASTILLO DEL INGLÉS. LA TOMAMOS Y A LOS 7 KM LLEGAMOS AL ALTO DE ELURRETXE (505 M), DONDE APARCAREMOS EL COCHE.

EDAD: 9-14
TIEMPO: 2 h 15 min
DESNIVEL: 316 m
MAPA: Bidasoa. 1:35.000. Ed. Sua

tarla, volvemos al sendero y pronto encontramos unos monolitos rocosos coronados por estelas en recuerdo de montañeros fallecidos. Al acercarnos a ellos podremos ver las vertiginosas paredes del Txurrumurru, que se hunden en el barranco. Volvemos al camino para llegar con facilidad a la cumbre del Irumugarrieta (50 min). Para ascender a la cima del Txurrumurru, retrocedemos y descendemos hasta una senda que posteriormente pasa por un estrechamiento entre rocas. Encontramos un paso en el que usamos las manos (no recomendable para personas con poca experiencia o con vértigo).

Después de un segundo estrechamiento, ascendemos por la derecha hasta una brecha desde la que, con cuidado, alcanzamos la cima del Txurrumurru (1 h 5 min). Este último tramo es delicado con el suelo mojado (mucha atención). El regreso se realiza por el mismo camino, a la inversa.

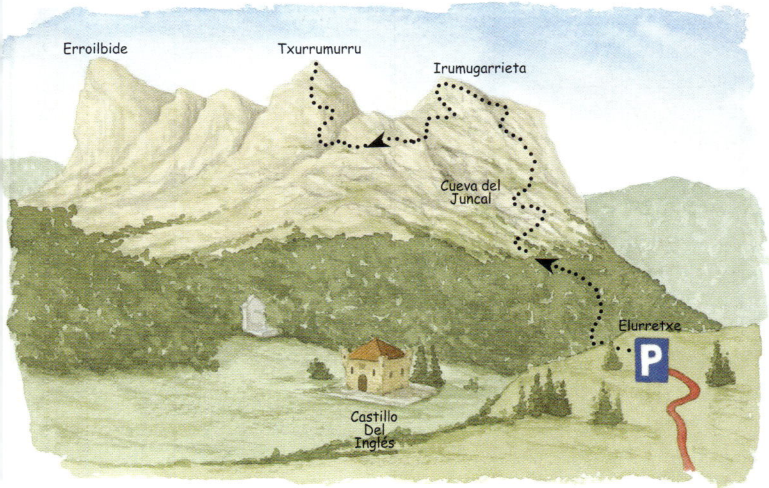

4 ARTIKUTZA

El embalse de Artikutza , uno de los lugares más húmedos del Pirineo vasco, es una lámina de agua invadida en sus márgenes por hayas y musgos. Se trata de un lugar silencioso en el cual las numerosas regatas que lo alimentan atraviesan un bosque muy frondoso.

ACCESOS:
DESDE OIARTZUN, POR EL ALTO DE BIANDITZ HASTA LA CASA DEL GUARDA, EXKAX. PARA ACCEDER EN AUTOMÓVIL ES NECESARIO EL PERMISO DEL AYUNTAMIENTO DE DONOSTIA, EXCEPTO EL 28 DE AGOSTO. EL ACCESO A PIE ES LIBRE.

La ruta comienza en el pueblo navarro de Artikutza, al que se accede desde Oiartzun. Encarados a la ermita de san Agustín, atravesamos el río por la izquierda y seguimos un camino entre setos. Dejamos la ermita a la derecha y tomamos un sendero que asciende hacia un caserío y que nos conduce a una pista, la única cuesta que se presentará en todo el recorrido. Tras superarla, encontramos un poste que indica cómo seguir hasta el albergue y que también conduce, si descendemos, al muro de la presa. Es mejor aprovechar la ocasión, pues es la única oportunidad que tendremos de ver el embalse casi en su totalidad. El otro extremo del muro está cortado, impidiendo su visita cuando estemos completando la circunvalación del embalse.

Volvemos a la pista anterior y, tras atravesar una verja metálica, nos internamos en la ruta que ahora sí que nos va a facilitar la vuelta completa al embalse. En su inicio un panel nos informa de los diversos ecosistemas de este enclave protegido. La pista es amplia y llanea entre hayas, robles, acebos y coníferas. Dada la humedad del lugar, cada recoveco está poblado por musgos y helechos. También podemos encontrar piñas roídas por ardillas –que distinguiremos de las dejadas por otros roedores por la meticulosidad y regularidad con que han sido comidas– y líquenes barbudos colgando de los troncos.

Cruzamos varias regatas y al llegar a la de Enobieta lo haremos por un puente de piedra. El cauce semeja una selva tropical con helechos en roseta y, bajo las piedras del río, podremos observar invertebrados de aguas limpias. Podemos detenernos unos minutos a levantar algunas piedras y buscar vida camuflada en cualquier rinconcito del agua (después volveremos a dejarlas como antes). Continuamos hasta llegar al puente de Usanbelarreta, también de piedra y situado ya al otro lado del embalse.

El camino sigue llano y, al llegar a la regata de Antzulo, veremos una cueva. La pista nos conduce finalmente a una verja metálica, tras la que otro panel nos informa de la importancia que tiene el agua en el sistema ecológico de Artikutza.

Tomamos el camino que se halla situado a nuestra derecha y que conduce al pueblo. Tras superar el muro de la presa, el camino desciende hasta una pista más amplia. Nos desviamos a la derecha para acceder a la zona de desagüe, donde un fuerte chorro evacúa el agua de la presa. Retrocedemos y volvemos a la pista que nos conduce de vuelta al pueblo.

EDAD: 0-5
TIEMPO: 1 h 30 min
DESNIVEL: 60 m
MAPA: Bidasoa. 1:25.000. Ed. Sua

NATURALEZA Recolección de frutos silvestres

El bosque de Artikutza es pródigo en hongos y fresas silvestres. Buscarlas es un juego entretenido. Los líquenes de los troncos, de aspecto barbudo, son espectaculares. También encontraremos en el suelo piñas roídas por las ardillas.

5 BOSQUE DE ORGI

Orgi es un sugerente y original robledal. Un cuento de hadas en uno de los últimos reductos del robledal húmedo de llanura que subsiste en nuestra tierra. Un sotobosque armonizado por el canto de más de setenta especies de aves. Mientras lirones y murciélagos ocupan los huecos vacíos de los árboles, las charcas son hábitat para anfibios y reptiles.

Hay que viajar al valle de Ultzama, en el prepirineo navarro. Todo comienza en la zona de acogida de Arigartzeta (a pie de la carretera Lizaso-Gerendiain), donde a la sombra de un bosque de roble americano se dispone un área recreativa (mesas, fogones...) y la caseta de información. Tres son las rutas naturísticas que nos adentran en las profundidades del bosque de Orgi: el laberinto, el camino y la senda. Todas los paseos están equipados con paneles informativos, pasarelas y barandillas para contemplar el entorno de forma divertida. Además se pueden y deben entrelazar entre ellos buscando cada uno las dimensiones del paseo que nunca son largas. Parte del camino está acondicionado para los ciegos, una experiencia pionera que incorpora paneles escritos en braille.

ACCESOS:
VALLE DE ULTZAMA, EN LIZASO CARRETERA A GERENDIAIN. PARA LLEGAR AL VALLE SALIR DE IRUÑEA POR LA CARRETERA HACIA IRUN POR EL PUERTO DE BELATE. ANTES DE BELATE, EL VALLE SE SITÚA A LA IZQUIERDA.

El Laberinto es un corto paseo que apenas alcanza los 300 m, pero que se

NATURALEZA Identificar los pájaros del robledal

Es fácil observar pájaros del bosque. Debemos caminar sin hacer ruido, mimetizándonos con el entorno. ¡Ya está! somos un roble. No es difícil identificar al petirrojo (txantxangorri) con su pecho anaranjado. O al precioso carbonero (kaskabeltz), realizando piruetas con su cola negra y blanca en busca de insectos.

adentra en el bosque por un ondulado trazado hasta llegar al roble gigante caído. Enlazando con el anterior está el llamado Camino, que nos conduce por diversos paisajes del bosque, donde descubrimos robles de más de 200 años (estos árboles pueden llegar a vivir hasta 600 años y sus raíces alcanzar los 500 m^2), robles americanos y brezales en áreas donde irrumpe el sol. Una antigua cantera de ofitas también sale al paso. Estos recorridos son circulares.

La llamada Senda es la parte más salvaje y menos accesible. Atraviesa una zona húmeda y muy valiosa en cuanto a fauna, recorriendo una charca salina reliquia de una mar que dominó esta zona hace más de 180 millones de años. Un característico robledal encharcado y herbazales altos singularizan esta zona de alto interés ecológico por su variada avifauna, hermosa flora y por las zonas de encharcamiento.

Este santuario de 80 hectáreas está consagrado al roble. Árbol mítico de los vascos, nombre de la primera dinastía navarra (Haritza), y árbol que forma parte del escudo del valle de Ultzama.

EDAD: 0-5
TIEMPO: 30 min / 1 h
MAPA: Valle de Ultzama. 1:25.000.
Gobierno de Navarra

6 BOSQUES DE IRATI

En el interior del bosque de Irati, en un hueco entre las hayas y los abetos, se encuentra la bella ermita de Nuestra Señora de las Nieves. Unida a ella por el río Urtxuria, el coqueto embalse de Koixta nos permitirá realizar una ruta circular con numerosos atractivos.

La ruta comienza junto a las casas de Irati, donde una caseta de recepción nos ofrece información sobre la naturaleza y posibles rutas a realizar en este soberbio bosque.

Retrocedemos por la carretera unos 300 m hasta ver el poste indicador del sendero que lleva a Koixta (SL NA-69). El camino, balizado con marcas verdes y blancas, asciende. Tras atravesar la carretera, penetra en el hayedo que bordea en toda su longitud el río Urtxuria. La frondosidad es espectacular y en un breve descenso, el camino se acerca al río para volver a ascender por lugares estrechos y un tanto vertiginosos que exigen algo de experiencia en la montaña. Atravesamos la regata Zubiberria y llegamos al raso de Potrokoa, donde la senda se abre y llanea. Después de un corto ascenso, accedemos a una pista forestal que tras un kilómetro nos conduce al pequeño embalse de Koixta.

El entorno es abierto y rodeado de pastos, un pequeño claro en la frondosidad de Irati donde las verdes aguas del embalse (tal vez disminuidas en verano) se funden con la imagen del monte Ori al fondo.

Atravesamos el muro de la presa y tomamos el sendero de vuelta (SL NA-60-A) que conduce a la ermita de las Nieves. La senda es amplia y asciende suavemente entre hayas y abetos

ACCESOS:
DESDE LA CARRETERA N-240 QUE UNE IRUÑA-PAMPLONA Y HUESCA DESVIARSE EN DIRECCIÓN A IRUNBERRI-LUMBIER Y SEGUIR HASTA OTSAGABIA. TOMAR LA CARRETERA HASTA EL COLLADO DE TAPLA PARA DESCENDER A LAS CASAS DE IRATI.

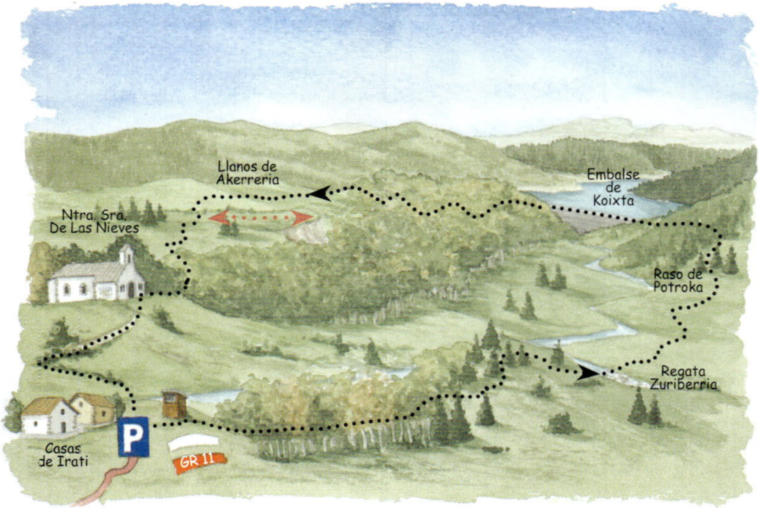

EDAD:	9-14
TIEMPO:	3 h 30 min
MAPA:	Irati. 1:35.000. Ed. Sua

de gran tamaño. Cruzamos la regata Lerredera y el camino zigzaguea en su ascenso hasta los llanos de Akerreria, donde el bosque se abre para dejar sitio a los pastos de montaña. A partir de este punto comienza el descenso, pero cuando veamos un poste indicador, nos desviamos a la izquierda hasta Akerreria, balcón natural que permite observar el hayedo en toda su extensión. Volvemos al camino y tras un descenso pronunciado llegamos al llamado sendero de los sentidos (SL NA-61-A), en el que diversos rótulos nos informan de los árboles y arbustos más representativos del mayor bosque caducifolio de Europa. La senda nos lleva a la bella ermita de Nuestra Señora de las Nieves, cubierta por tejas de madera. Desde aquí sólo resta descender al punto de partida.

7 COLLADO DE LINDUS

El collado de Lindus es unos los más importantes observatorios de la migración de aves de Europa. Desde julio hasta noviembre, miles de pájaros atraviesan este paso en su viaje hacia el sur. Completamos el recorrido con la ascensión al monte Lindus (1.220 m).

ACCESOS:
CARRETERA N-135 QUE VA DE IRUÑA HASTA IBAÑETA POR LUZAIDE-VALCARLOS.

La ruta comienza en el puerto de Ibañeta (1.057 m), donde un monolito recuerda la batalla que los vascones ganaron a Carlomagno en el año 778. En ella murió su nieto Roldán, lo que dio lugar a una de las piezas épicas medievales más conocidas en Europa, la Canción de Roldán.

Antes de comenzar el ascenso al collado, es recomendable visitar el centro de migración de aves Gurelur, situado en el mismo puerto. En su interior nos informarán sobre el fenómeno de la migración y sus responsables nos prestarán sus telescopios para observar el paso de las aves desde los prados que se encuentran en el exterior del centro.

La ruta comienza en una pista que tomamos tras cruzar la carretera. Un cartel nos advierte que hay que andar con precaución en la época de caza de la paloma.

La pista, de una longitud de tres kilómetros, apta para vehículos, asciende suavemente atravesando un interesante hayedo hasta llegar al collado de Lindus.

NATURALEZA Observación de aves migratorias

El centro de migración Gurelur tiene una exposición con paneles y figuras muy interesante para los niños, pues permite identificar las aves. Es un lugar ideal para practicar con los telescopios, prismáticos y guías de campo.

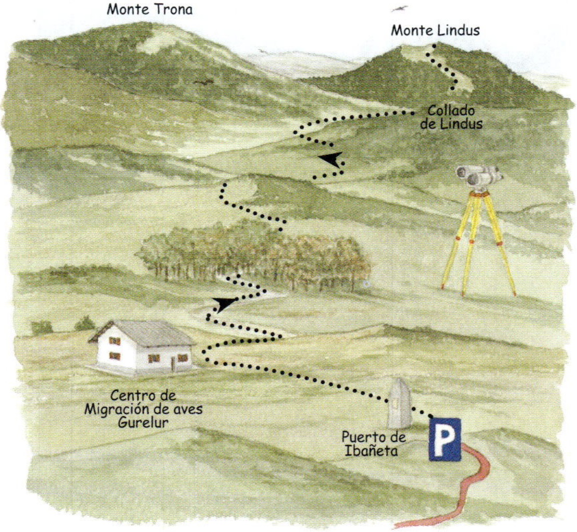

EDAD: 9-14
TIEMPO: 2 h
DESNIVEL: 163 m
MAPA: Orreaga. 1:35.000.
Ed. Sua

Si miramos hacia el sur , vemos a nuestra derecha el monte Lindus (1.220 m) y a la izquierda, el Trona (1.220 m). Ambas cimas son también lugares de observación de aves a los que podemos dirigirnos si queremos una estancia más solitaria.

Nuestro itinerario enfila el rumbo hacia la suave pendiente del Lindus, para coronarlo en 15 minutos. El paisaje es muy bello, con montañas redondeadas y una gran panorámica. Al norte, las tierras de la Baja Navarra, con la selva de Haira a nuestros pies; al sur, la planicie de Auritz. Dotados de prismáticos y guías de aves, esperamos con tranquilidad el paso de milanos negros, aguiluchos cenizos y laguneros, águilas calzadas, pescadoras y culebreras... momento para que los jóvenes del grupo aprendan cosas nuevas. Numerosos grupos ornitológicos acuden a la zona y es interesante coincidir con ellos para que nos ayuden en la identificación de las especies.

Las fechas en las que migra cada ave pueden ser consultadas en el centro Gurelur. Realizamos la vuelta al punto de partida en Ibañeta por el mismo camino.

8 FOZ DE ARBAIUN

Verdadero desafío a la gravedad con accesos por lo general complicados. Esta vez lo abordamos por una ruta fácil, desde uno de los enclaves más elevados: Peña Cornota. Este monumento de la naturaleza presenta 6 kilómetros de acantilados, algunos de más 300 metros de verticalidad.

Con este itinerario decidimos asomarnos a la foz de Arbaiun volando como un pájaro. Para conseguirlo, nos acercaremos paseando a una de sus rocas más elevadas, la llamada Peña Cornota (815 m.), que como podremos comprobar nos ofrece una visión fascinante y salvaje de este desfiladero trabajado en la roca durante miles de años por el río Zaraitzu o Salazar.

ACCESOS:
DESDE IRUÑEA TOMAMOS LA N-240 EN DIRECCIÓN SE HASTA SU CRUCE CON LA NA-178, QUE TOMAREMOS EN DIRECCIÓN A IRUNBERRI-LUMBIER PARA LLEGAR AL ALTO DE ISU-ISO, A MEDIO CAMINO HACIA NABASKOZE-NAVASCUES.

Con un poco de silencio los buitres, alimoches y otras rapaces volarán sobre nuestras cabezas mientras el río Zaraitzu se retorcerá haciendo varias eses por el único camino que le permite la estrecha foz.

Nuestra ruta parte del Alto de Isu-Iso, tomando la pista que se dirige por la derecha al bosque. Pronto entramos en la reserva natural ascendiendo leve pero permanentemente, a la sombra de bellas encinas y robles enmarañados de carrascas y quéjigos. El camino ancho se muestra espléndido y silvestre donde no extrañará localizar las huellas del jabalí.

Cuando salimos del bosque la pista principal continua por poco tiempo. La pista se convierte en sendero al que hay que seguir sin perder de vista. Sorteamos los matorrales, y en una desviación de senderos, apenas perceptible, to-

mamos el de la izquierda, que nos lleva en escasos minutos al abismo de Peña Cornota y de la foz de Arbaiun. Tener un poco de cuidado con los niños y niñas en el corte del precipicio. Una excepcional vegetación, hábitat de numerosa fauna silvestre representada por una de las mayores colonias de buitre leonado del mundo. Tan significativo es su valor que esta foz fue el primer enclave navarro declarado paraje natural en el año 1975. Un mundo salvaje donde su inaccesibilidad desarrolla una vida natural en estado puro.

EDAD: **5-9**
TIEMPO: **1** h
MAPA: **Pirineo Vasco. 1:150.000.** Ed. Sua

9 FOZ DE LUMBIER

Uno de los más bellos y accesibles cañones del Pirineo. La foz de Irunberri-Lumbier es un paraíso donde el senderista amante de las aves y de los ríos disfrutará viendo buitres, alimoches y otras rapaces. Un desfiladero de paredes verticales y árboles que se agarran a lugares imposibles.

ACCESOS:
DESDE LA CARRETERA N-240 QUE UNE IRUÑA-PAMPLONA Y HUESCA DESVIARSE EN DIRECCIÓN A IRUNBERRI-LUMBIER.

La ruta comienza en el aparcamiento de la foz, situado a la derecha de la carretera que lleva a Irunberri-Lumbier. Tras pasar un área recreativa y antes del túnel, tomamos el sendero local SL-113 que asciende por la izquierda en dirección a la sierra de Leire. Situada en su extremo occidental está la ermita de la Trinidad, magnífico balcón desde el que podemos admirar buena parte del paisaje prepirenaico de la zona.

La senda discurre entre arbustos mediterráneos hasta el corral de Alzueta, desde donde pueden verse los famosos monolitos y arcos de Irunberri-Lumbier. Su visita, sin embargo, es difícil por la vegetación espinosa que recubre las laderas. Continuamos hasta alcanzar la cota mayor del recorrido (175 m de desnivel) y siguiendo un poste indicador giramos hacia la derecha.

Comienza el descenso entre enebros hasta descubrir, en un giro, el río Irati. Al llegar a un cultivo de almendros, tomamos a la derecha

NATURALEZA Grandes rapaces

El paseo por la foz nos dará buenas oportunidades para acceder al río y darnos un baño, pero también –y sobre todo– para observar grandes rapaces (en la foz hay una importante colonia de buitres leonados y también es fácil ver alimoches).

un pequeño sendero que desciende a la pista que conduce a Liédena (izquierda) y a la foz (derecha). Esta pista corresponde al trazado del antiguo tren maderero de Irati que comunicaba Iruña-Pamplona con Zangoza-Sangüesa. Llegados al primer túnel, nos desviamos a su izquierda para hacer una visita al puente del Diablo, de origen romano y hoy en día destruido. El acceso es muy resbaladizo, por lo que se precisa precaución con los niños.

EDAD: 9-14
TIEMPO: 2 h
DESNIVEL: 175 m
MAPA: Pirineo Vasco. 1:150.000. Ed. Sua

Volvemos al túnel y después de atravesarlo (hay que llevar linternas) nos encontramos en el interior de la foz. Con atención, descubriremos numerosos nidos y dormideros de buitres leonados, que junto a alimoches, chovas y vencejos vuelan constantemente entre las paredes verticales del cañón. El paseo continúa encajado entre farallones de 130 metros de altura. Llegamos así al segundo túnel. Tras cruzarlo, el camino nos conduce al punto de inicio.

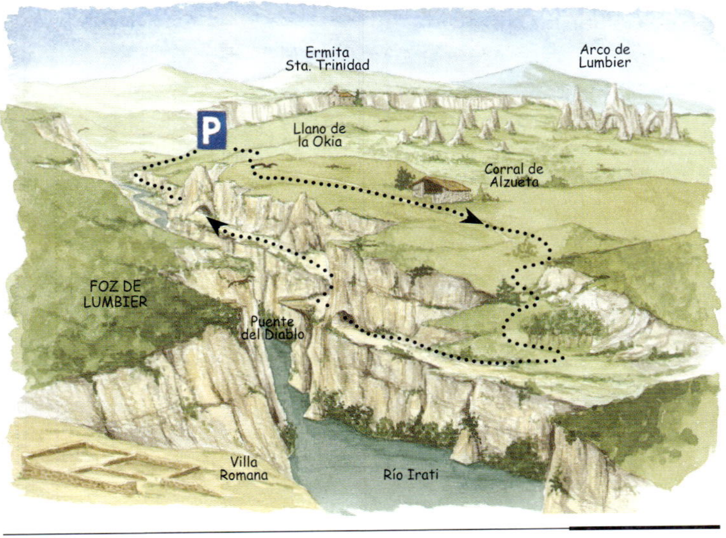

10 HOLTZARTE

Las aguas que fluyen desde el Pirineo vasco hacia el norte, allá en las tierras de Zuberoa, han horadado con persistencia el cañón de Olhadibia. Atravesando sus paredes está, vestigio de otros tiempos, la pasarela de Holtzarte, un puente de aventuras.

ACCESOS:
POR LA CARRETERA N-240 Y DESVIARSE HASTA OTSAGABIA. CONTINUAR HASTA LOGIBAR POR EL PUERTO DE LARRAÑE.

La ruta se inicia en el aparcamiento situado en la parte trasera del albergue-restaurante de Logibar. Una señal indica el comienzo del sendero, junto a las limpias aguas del río Olhadibia. El camino asciende entre avellanos, tilos y alisos cerca del cauce, y según gana altura se rodea de frescos hayedos.

La pendiente es dura en algunos tramos, especialmente en los labrados sobre roca, resbaladiza por la gran humedad del lugar. Para evitar sustos, esta parte ha sido dotada de un cable pasamanos y de una alambrada que protege de caídas ladera abajo. Tras 40 min de ascenso, llegamos a una zona más llana y clareada desde donde observamos la confluencia del cañón de Olhado, a la derecha, con el de Olhadibia, a la izquierda. Y atravesando este último, descubrimos la imponente pasarela de Holtzarte.

Antes de continuar, merece la pena contemplar desde un improvisa-

ATRACTIVOS DE LA RUTA

La pasarela de Holtzarte es un atractivo en sí misma. La vertiginosa caída y el movimiento del puente son motivos de emoción. En el bosque pueden buscarse hayucos,, los frutos del haya, que poca gente conoce y es alimento de algunos mamíferos.

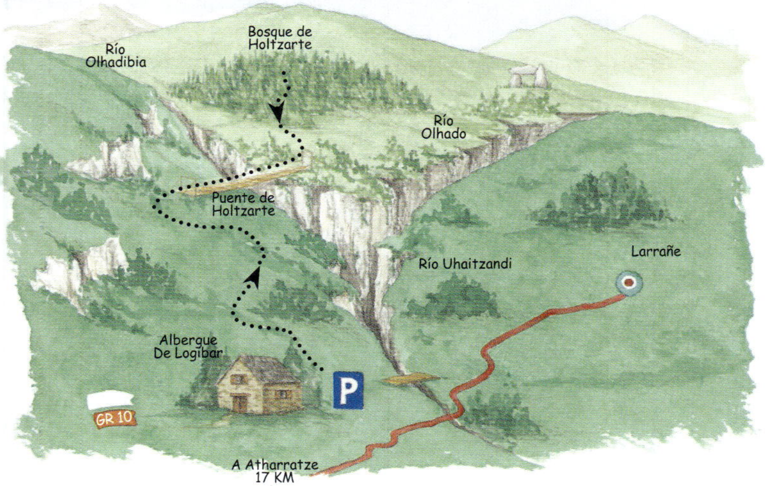

do mirador la confluencia de los dos cañones. El paisaje es realmente soberbio. Sólo nos queda llanear por el sendero para llegar al puente y comenzar a cruzarlo.

EDAD: 9-14
TIEMPO: 2 h
DESNIVEL: 220 m
MAPA: Irati y Belagua. 1:35.000. Ed. Sua

Llegados a su mitad, nos asomamos al precipicio para ver –200 m por debajo– el río. Unido al movimiento del puente, la sensación es tan fantástica como vertiginosa. Los niños podrán sentirse protagonistas de una película de aventuras. Eso sí, sin tablillas que se rompen a su paso. El puente es seguro y nos conduce con su balanceo a la otra orilla. Desde allí, el sendero zigzaguea penetrando en el bosque de Holtzarte, que supone un buen complemento a la ruta. En él podemos buscar hongos o probar algún hayuco, manjar para las ardillas y lirones, y en épocas de hambruna, un alimento consumido también por los seres humanos. La vuelta la realizamos por el mismo camino hasta llegar al punto de partida.

11 INFERNUKO ERROTA

Este singular molino harinero se sitúa como un puente entre las dos orillas pertenecientes cada una a las rieras del valle de Baztan y Etxalar. Restaurado el año 1999, en esta caseta de piedra y madera se puede observar el mecanismo de la molienda.

ACCESOS:
ANTES DE CORONAR EL PUERTO DE OTSONDO (VINIENDO DE ELIZONDO) UNA SEÑAL INDICA ORABIDEA (NA-4453). EL CAMINO DESCIENDE ENTRE VALLES, CAMPAS Y REGATAS (SIN DESVIARNOS HACIA ETXALAR) HASTA EL LETRERO DE ETXEBERTZEKO BORDA, EL CASERÍO RESTAURANTE DONDE INICIAREMOS NUESTRA RUTA.

Por detrás de Etxebertzekoborda, el sendero discurre con la corriente y paralelo al arroyo. Penetramos en la profundidad de estos parajes húmedos para avanzar en la espesura del barranco. El camino cómodo cruza varios puentes sobre arroyos afluentes del principal en la espesura de un profundo bosque de hayas. Un repecho asciende para alcanzar en breve el molino.

Esta casita utilizada para moler que se alimenta del Infernuko erreka (arroyo del infierno) se encuentra construida entre ambas orillas del río que curiosamente pertenecen a dos valles diferentes, la izquierda al Baztan y la derecha a Etxalar. Entramos por una puerta perteneciente a Etxalar y salimos por la otra al valle de Baztan.

Este escondido molino, construido a principios del XIX, cuando la inseguridad bélica amenazaba el Pirineo occidental, solía moler de noche para que la autoridad no descubriera el ruido del girar de la rueda. Una singular ley prohibía moler más harina de lo estipulado. Las recuas de burros llegaban de noche desde lugares recónditos con los sacos de grano para volver al alba con la harina a los caseríos, distantes decenas de kilómetros. Los molineros eran diferentes baserritarras de la zona que hacían el nuevo contrato por San Martín.

En este paraje de extrema belleza y apasionada historia, surcada por los burros que llegaban desde todos los pueblos de alrededor para moler el grano que producían en sus caseríos, nuestros pequeños aventureros podrán disfrutar de un bosque cerrado y muy hermoso y de un arroyo que da muchas posibilidades para el juego. La travesía de ida y vuelta al molino se puede culminar con una excelente comida en el restaurante Etxebertzekoborda.

A este lugar llegan aficionados a la gastronomía de todos los confines de Euskal Herria. Además este gran caserío posee una bonita relación con el mundo de la pelota. Fuera hay un viejo frontón y en una vitrina se pueden ver varias txapelas de importantes campeonatos. Si conseguís que os cuenten sus historias pelotazales podéis apasionaros con la charla.

Junto al caserón han instalado una pequeña piscifactoría de truchas. Si hay suerte, podremo pedirle a los del restaurante que enseñen los peces a los más pequeños, que se divertirán cogiéndolas con salabardo .

EDAD: 5-9
TIEMPO: 1 h
MAPA: Baztan. 1:35.000. Ed. Sua

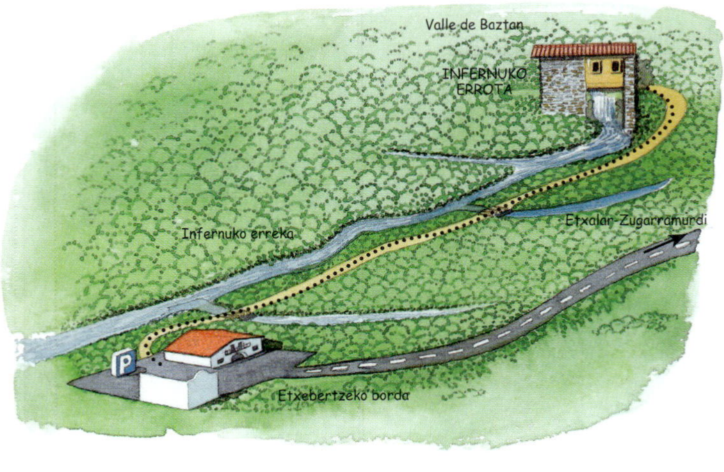

12 KAKOETA

Estas gargantas están habilitadas para el turismo con pasarelas, puentes y barandillas domesticando su naturalidad, pero sin perder la hermosura de sus paredes. Vamos al encuentro de una de las más feroces foces pirenaicas, en el borde oriental de Zuberoa.

ACCESOS:
SANTA GRAZI-SAINTE ENGRÂCE, DESVIACIÓN DE LA CARRETERA DE ATHARRATZE HACIA LARRAINE. DESDE BELAGUA POR EL PUERTO DE ERNAZ Y LA ESTACIÓN DE ESQUÍ DE ARETTE.

En el bar La Cascade adquirimos el *ticket* de entrada. No hay pérdida, sólo hay que seguir la senda. Unas casillas proveen de cascos al visitante precavido, un juego divertido para nuestros pequeños aventureros. La pequeña represa contiene las aguas del circo de Bentia. La pasarela cruza el arroyo y desciende para encontrarse con el río. Caminamos por el aluvión pedregoso abandonado en las inundaciones de 1992. Un túnel tallado en la roca da paso a las gargantas que se estrechan a menos de cinco metros, con paredes de hasta 300 m de altura. Nos hayamos en el llamado *Grand Etroit*, el gran estrecho. El sendero cincela la roca en un subibaja de puentecillos y barandillas donde todos alucinamos. La lujuriosa vegetación forra las paredes de musgos y árboles que trepan por la roca. Y en la sim-

ATRACTIVOS DE LA RUTA

En el camino vamos a observar los líquenes, musgos y plantas rupícolas. Los niños se tomarán la marcha como una aventura poniéndose unos cascos que se ofrecen en la entrada. Los baños en aguas frías y cristalina, pueden ser un aliciente en verano.

Edad: 0-5

Tiempo: 2 h

Mapa: Belagua. 1:25.000. Ed. Sua w

biosis de un hongo y un alga nace el liquen que plaga la garganta. El recorrido llega a su fin cuando divisamos la cascada brotando desde la pared.

Se desconoce el origen de sus aguas, que vomitan una cantidad superior de fluido al que le corresponde. Un poco más adelante una pequeña gruta nos ofrece los últimos momentos de lucidez de Kakoeta. Buen lugar, ¡la merienda! "*A-e-i-o-u ama merienda beogu*" dice la canción.

13 LARRUN

No sería posible ascender al Larrun con niños de corta edad si no fuera por su tren de cremallera. Artesano pero vigoroso, el trenecillo de madera asciende hasta la cumbre en un viaje para disfrutar del paisaje y las pottokas, el panzudo y robusto pony vasco que pasta en estas laderas.

Si para ascender andado a la cima más alta de Lapurdi hacen falta buenas piernas y mucho fuelle, el tren cremallera que une el collado de Saint Ignace, en la carretera entre Sara y Azkaine, con el monte Larrun nos posibilita en 35 cómodos minutos coronar su cumbre, en una ascensión exquisita y placentera, sobre todo con buen tiempo. Con las condiciones atmosféricas adversas o con mucha niebla, esta excursión pierde mucho encanto y hay que abrigar a los pequeños en la subida del tren cremallera.

ACCESOS:
Dejaremos el coche en el collado de Saint Ignace, en la carretera entre Azkain y Sara. Ahí tomaremos el tren cremallera que sube a la montaña.

Comenzamos la bajada a pie, muy empinada, por las escaleras del tren hasta un sendero señalizado con pintura verde. El camino desciende bruscamen-

ATRACTIVOS DE LA RUTA

Tenemos dos puntos de interés. Uno, la mesa de orientación de la cima de Larrun. En ella podemos descubrir (con tiempo despejado) buena parte de nuestro país. La panorámica sobre la costa o la linea pirenaica merece la pena. El otro es el tren, con historia desde 1924. La rueda dentada va engranando los dientes, mientras la catenaria proporciona la electricidad. Roble, fresno y castaño forman las partes principales de este trencillo de madera que se gana la vida subiendo a una velocidad

EDAD: 5-9
TIEMPO: 2 h 10 min
MAPA: Pirineo Vasco. 1:150.000. Ed. Sua

te por un camino pedregoso que apenas nos permite recrearnos en la ruta que corre paralela al ferrocarril. Aunque los niños y niñas, con los meniscos todavía intactos, suelen tener menos problemas que los mayores. Abajo, cuando la pinada ofrece sombra el camino se relaja. Nos encontramos en el collado de Trois Fontaines. Aquí el camino se bifurca. Por la izquierda descenderíamos a Oleta y por la derecha al col de Saint Ignace. Tomaremos este último camino ancho, siguiendo las guías verdes.

Descendemos levemente hasta el arroyo donde antaño se represaba el agua en un embalse. Ahora toca ascender y tomar la desviación de la derecha que sube por un pequeño repecho. La pista se acerca al fortín napoleónico que domina todo el collado. Un poco más arriba podemos contemplar los cromlechs de Gorostiarria.

La ruta circunda el fortín y desciende con un desnivel endiablado. La cuesta alcanza el bosque y descansa en su umbría. Cruzamos el arroyo y salimos a los garajes del ferrocarril. Desde aquí un pista cementada desciende hasta el collado de Saint Ignace.

14 LEURTZA

Los dos embalses de Leurtza constituyen un lugar amable. El camino que los bordea discurre por un bosque de hayas espectacular que nos alivia del calor. Los prados en las orillas del agua invitan a remojarse para apaciguar el calor, al almuerzo y a los juegos colectivos.

ACCESOS:
CARRETERA N-121 HASTA URROTZ. UNA PISTA CONDUCE A LOS DOS EMBALSES, DONDE ENCONTRAREMOS UN APARCAMIENTO.

Junto al aparcamiento se encuentra el monumento a la rana bermeja, en honor a los miles de anfibios de esta especie que acuden a estas aguas a reproducirse y que deben ser tratados con respeto.

La pista, balizada con marcas verdes y blancas y que bordea la margen derecha del embalse inferior, es ancha y discurre en su inicio junto a una zona recreativa dotada con mesas, parrillas, servicios y fuente, el lugar idóneo en el que reunirse después del itinerario para completar la jornada en grupo, aprovechando el entorno para jugar y descansar. Caminamos enseguida por terreno llano entre hayas carboneras y magníficos acebos, pudiendo salirnos del sendero para curiosear por el bosque y retornar al camino. Llegados a una bifurcación, dejamos el sendero de la izquierda (PR NA-102, a Zumarena), para continuar por la pista principal.

Estamos bordeando ya el embalse superior y llegamos a otro cruce junto a un pluviómetro. Tomamos el sendero de la izquierda, que se dirige a la regata de Leurtza que alimenta el embalse y que cruzamos por un puente rudimentario de madera.

A partir de este punto comienza el recorrido de vuelta con un ascenso en el que encontramos otra bifurcación. Tomamos el camino de la izquierda y ascendemos hasta el mojón 34, donde un poste indica la ruta a Zumarena. Lo dejamos y descendemos hasta otra cola donde desemboca la regata Errekabeltz-Torrente Negro. Proseguimos con el embalse a la vista hasta llegar a su muro. Aquí podemos caminar has-

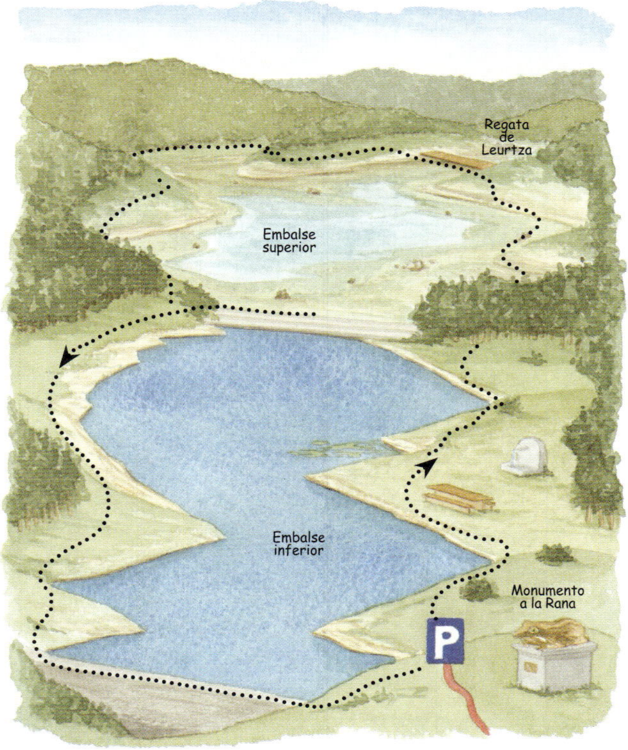

ta el centro del mismo para obtener una buena panorámica de ambos embalses. No será extraño que el superior se encuentre seco en verano, lo que permite caminar por su fondo poblado de tocones de árboles que fueron talados antes de su construcción.

EDAD:	0-5
TIEMPO:	2 h
DESNIVEL:	163 m
MAPA:	Bidasoa. 1:35.000. Ed. Sua

Volvemos al sendero que ahora bordea el embalse inferior, siguiendo siempre las marcas verdes y blancas. Llegados a su muro, lo atravesamos y ascendemos por unos escalones hasta la carretera que nos lleva de vuelta al aparcamiento.

15 MENDAUR

Hay que subir al Mendaur para contemplar las suaves tierras de Malerreka y Bortziriak, en el norte de Navarra. Sus laderas son un mosaico de hayedos, prados de montaña y rebaños de ovejas que pastan con placidez cerca de la cima.

ACCESOS:
CARRETERA N-121 HASTA ITUREN. PASAR EL PUEBLO Y LLEGAR A AURTITZ. JUNTO A UN BAR TOMAR LA PISTA QUE LLEVA AL EMBALSE.

La ruta comienza junto al embalse de Mendaur (710 m). Se llega a él en automóvil desde el barrio de Aur titz, en la localidad de Ituren. Una pista de 5 km (cuidado los días de lluvia) asciende hasta este pequeño embalse, desde el que las vistas del valle son espléndidas.

Bordeamos el embalse por su izquierda hasta llegar, cerca de su cola, a una bifurcación de senderos que llevan al monte Ekaitza (izquierda) y al Mendaur (derecha). Seguimos éste último, balizado con unas evidentes marcas blancas y amarillas, llegando a la regata que alimenta el embalse y que cruzamos por un rudimentario puente de madera. La senda sigue hasta que se bifurca a la altura de una borda con un soberbio tejado de lajas de arenisca. Tomamos el camino de la izquierda, que pasa por la entrada de la borda y que asciende sin concesiones junto a una plantación de coníferas. La cima queda permanentemente a nuestra derecha, por lo que la confusión es

ATRACTIVOS DE LA RUTA

Los escalones tallados en la arista del Mendaur son la mayor sorpresa del recorrido. Sus alrededores son frecuentados por buitres y alimoches que se alimentan de las cabezas muertas de ganado. Hay pozas para el baño en el río Ezkurra.

EDAD: 9-14
TIEMPO: 2 h
DESNIVEL: 426 m
MAPA: Bidasoa. 1:35.000. Ed. Sua

difícil. Al finalizar esta primera rampa llegamos a una zona clareada, donde reponemos fuerzas. El camino nos lleva hacia un hayedo. Tras cruzarlo, se hace evidente que la senda se dirige al collado de Buztiz (935 m), situado entre el monte Mendieder (1.090 m) y el Mendaur.

Llegados al collado seguimos el sendero hacia la derecha, que cruza por debajo de la cima hasta llegar a la arista rocosa suroccidental. Y allí encontramos una de las sorpresas del recorrido, sesenta escalones tallados en la piedra que nos conducen a la cima del monte Mendaur (1.131 m), coronado por la ermita de la Trinidad, del siglo XVII. A su lado hay un refugio abierto que nos permite protegernos de las inclemencias del tiempo.

Las vistas alcanzan desde las cumbres costeras de Aia y Larrun hasta las interiores de Aralar y Autza. A sus pies, el valle de Malerreka y las tierras de Arantza, con sus caseríos desperdigados, configuran una bella estampa del Pirineo navarro. Realizamos el descenso por la misma ruta.

16 NACEDERO DEL BIDUZE

En el nacimiento del río Biduze los susurros de agua sugieren leyendas que nos transportan a los lamentos de lamias y otros genios. Este río surge en las entrañas del bosque de Arbaila, el agua que se filtra en los lapiaces sale a la luz en la gran boca rocosa del nacedero.

Por la sombra de hermosos robles partimos del barrio de Arla tomando una pista, señalizada con la indicación de "*Source de la Bidouze*" (Nacedero de Biduze). Opcionalmente (pista deteriorada) continuamos en el vehículo (ideal en bici) para ahorrarnos casi una hora andando por este firme terroso rojizo que contrasta con el verde del frondoso bosque. La pista alcanza la captación de aguas de Urbeltza, donde los fresnos, olmos y castaños buscan el espacio en la densidad del hayedo. Empieza la marcha.

Desde la captación de aguas cruzamos la regata del Biduze por el puente de hormigón tomando el sendero ascendente, algo resbaladizo, señalado con rayas amarillas. Es fácil de seguirlas. El fuerte repecho toma una senda más relajada que despeja el profundo y húmedo hayedo.

EDAD: 9-14
TIEMPO: 1 h 55 min
MAPA: Pirineo Vasco. 1:150.000. Ed. Sua

Cuando la piedra caliza aflora el camino vuelve a ascender. En una curva hay que estar atentos, para introducirnos a la derecha, el itinerario progresa a contracorrien-

TRADICIONES Susurros mágicos

Toda ruta que conduce al nacedero de un río tiene algo de iniciática. No perdamos de vista la leyenda de este lugar. Dicen que es fácil oír el susurro del llanto y voces humanas. ¿Serán producidos por las hadas de las cuevas (Laminaren ziloa)?

te del río por un bonito camino, dentro de una exuberante vegetación que nos obliga a sortear los obstáculos provocados por los troncos y rocas caídas. El barranco se acerca conforme avanzamos hacia el circo del nacedero. Superaremos los grandes bloques desprendidos de las riadas, hasta apercibir desde los árboles el gran porche rocoso del nacimiento del Biduze.

Esta gran gruta está rodeada de un hado de misterio y magia. Según las leyendas populares, el eco que produce el arroyo origina en las estaciones de lluvias los sonidos del llanto y voces humanas.

ACCESOS:
EN LOS COMIENZOS DE LA ASCENSIÓN AL PUERTO DE OSKITX (COL DE OSQUICH) SE ENCUENTRA EL NÚCLEO DE DONAIXTI-IBARRE (NAFARROA BEHEREA), TOMAMOS LA PISTA AL BARRIO DE ARLA.

17 OKABE

En el monte Okabe, Ilarrita es uno de los conjuntos prehistóricos más importantes de nuestro territorio. Un paraje que nos sorprende con sus decenas de cromlechs que emergen de la pradera formando círculos mágicos. Un espacio que nos une con nuestros pasado.

Desde el collado de Surzai, dejamos el vehículo en la cabaña pastoril. Antes de comenzar la bajada hacia Iratisoro y su lago tomamos el camino pedregoso que se introduce a la derecha. La marcha busca el bosque por una pista ancha con mucho barro los días de lluvia. El sendero es evidente.

Las pendientes se suceden alternando con algunos relajos. El último repecho hay que acompañar al niño. Arriba salimos a las amplias campas. A la derecha, en

ACCESOS:
DESDE OTSAGABIA A LARRANE-LARRAU Y DE AHÍTOMAR LA CARRETERA QUE VA A EZTERENZUBI EN DIRECCIÓN A LOS CHALETS DE IRATI Y DESPUÉS HACIA EL COLLADO DE SURZAI.

las praderas de Ilarrita, accedemos a la necrópolis, el impresionante conjunto prehistórico. Una grupo de círculos de piedras (denominados crómlech o mairubaratz en euskara) se desparraman por un raso apenas modificado desde hace 3.000 años. Nosotros contamos hasta 14 de los 26 que según Jacques Blot y los investigadores han censado en esta zona. Este grandioso panorama de monumentos funerarios de incineración pertenecen a la Edad de Hierro (de 800 a 300 años antes de Cristo). El círculo del crómlech está formado por losas hincadas en el suelo. En el centro del círculo se situaban las cenizas del difunto, y el círculo vital protegía a los muertos en su nueva vida.

A la izquierda del collado remontamos la meseta para alcanzar la conglomerada cima de Okabe (1.466 m), a la que accedemos con cuidado. Desde la cumbre, la vista se extiende por la selva de Irati.

Edad: 5-9
Tiempo: 1 h 30 min
Mapa: Irati. 1:25.000. Ed. Sua

18 PICO ARLAS

Cuando nos adentramos en la inmensidad cárstica de Larra, el monte Arlas hace de anfitrión. Ascenderemos entre pastizales y pinos negros para disfrutar, desde su cima, de una excelente vista del Anie-Auñamendi, Hiru Erregeen Mahaia-Mesa de los Tres Reyes y Petrechema.

La ruta comienza en el collado de Hernaz o de la Piedra de san Martín (1.760 m). Antes de comenzar a caminar, podemos contemplar al otro lado de la carretera la boca de una sima del complejo de san Martín, cuya entrada principal se encuentra en las inmediaciones.

Iniciamos el recorrido en dirección este por la derecha de un refugio situado junto a la carretera. El sendero, balizado con marcas amarillas, discurre entre pastizales y roca caliza con pinos negros y rododendros dispersos. Tras un ligero descenso, llegamos a una charca para el ganado.

Seguimos ascendiendo teniendo siempre a la vista el pico Arlas y el monte Anie-Auñamendi, bajo el cual se desarrolla el macizo cárstico de Larra.

Alcanzamos el collado de Arlas, desde el que observamos la estación de esquí de Arette. Unos metros por debajo de este collado, una tubería hace de fuente y nos puede proporcionar agua.

A partir del collado la ascensión se hace dura y discurre por la cara norte. El camino zigzaguea debido a la pendiente. Alcanzamos la cumbre del Arlas (2.044 m) y contemplamos la majestuosidad del lugar: al sudeste, el Anie-Auñamendi, Hiru Erregeen Mahaia y Petrechema ; al oeste, el Lakora y el Ori, y a nuestros pies el karst de Larra tapizado de pinos negros.

Descendemos por la vertiente este hasta el collado de Pesca-

ACCESOS:
CARRETERA NA-240 HASTA EL EMBALSE DE YESA. SEGUIR HASTA EL COLLADO DE LA PIEDRA DE SAN MARTÍN.

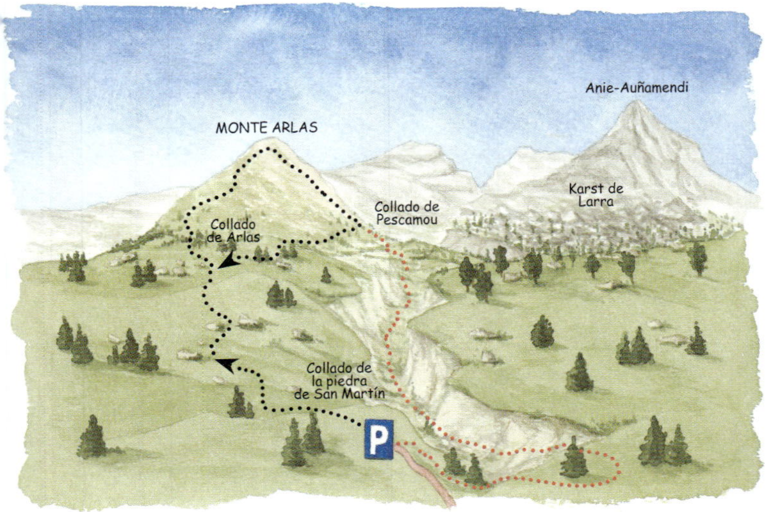

mou, desde el que tenemos dos opciones. La primera es volver a las inmediaciones del collado de Arlas, atravesando la base del pico y retomar, bajo el mismo puerto, el camino de ida que nos conducirá al punto de inicio. La otra opción es descender hacia el oeste por el vallecito de Arlas hasta llegar al lazo de la carretera de Izaba y ascender hasta el punto de inicio.

EDAD: 9-14
TIEMPO: 2 h
DESNIVEL: 284 m
MAPA: Belagua. 1:35.000. Ed. Sua

EL KARST Rocas con mapas y rocas para perderse

La ruta discurre entre el laberinto natural de rocas con formas curiosas y cubiertas de líquenes geográficos, llamados así porque su aspecto recuerda a un mapa.

19 PICO ORI

Este mítico monte para los vascos nos hace sentir como el pájaro del viejo cantar suletino: "Orhiko txoria, Orhin laket" (El pájaro del Ori, en el Ori es féliz). Un gusanillo agita a cualquier chaval antes de abordar su primer 2000. Este monte es un paseo de alta montaña.

ACCESOS:
PUERTO DE UTURZAHETA O LARRAINE-LARRAU, ENTRE EL VALLE DE ZARAITZU Y ZUBEROA. EL CAMINO PARTE DE LA BOCA NORTE DEL TÚNEL (DESPUÉS DE PASARLO SI VENIMOS DESDE OTSAGABIA).

La carretera de Otsagabia hacia Uztarroze e Izaba se desvía a la izquierda por el puerto de Uturzaheta (conocido por el nombre deLarraine o Larrau, ya que se dirige a este pueblo suletino), antes de acometer la subida del puerto de Lazar. La espléndida ascensión, que visualiza el Ori con pretensiones de gigante, se hace cómoda en vehículo. Once kilómetros de belleza superan la laderas del Ori, cuando acometemos el túnel, justo a la llegada al puerto.

Desde el aparcamiento, después de pasar el citado túnel, en la misma cumbre del puerto, visualizamos el sendero que aborda el cordal, paralizándonos por su fuerte desnivel. ¿Podrá el pequeño?

La senda al cresterío se dibuja bien marcada. La ascensión

PANORÁMICA Cumbres del Pirineo Occidental

En un día bien despejado, desde la cumbre del Ori es posible localizar un buen número de cumbres emblemáticas de los Pirineos occidentales, con la ayuda de una brújula y un mapa más emblemáticas de los Pirineos occidentales: Anie-Auñamendi, Bisaurin, Hiru Erregeen Mahaia, Midi d'Ossau, Balaitus, Arlas, Petrechema...

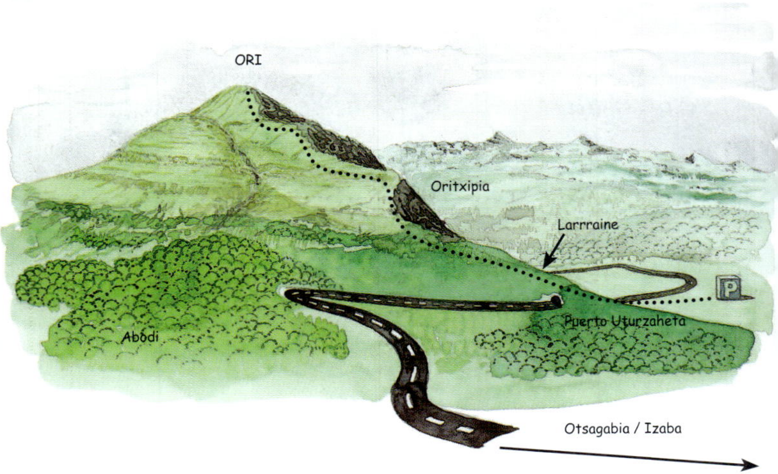

se puede hacer dura, aunque pronto nos damos cuenta que avanza con rapidez. Subimos unas veces por el lomo y otras por los herbosos francos sureños.

EDAD: 9-14
TIEMPO: 1 h 10 min
MAPA: Irati. 1:25.000. Ed. Sua

Alcanzamos la primera cota del Oritxipia, o pequeño Ori, cayendo al norte con su bella escarpadura calcárea. A continuación descendemos la loma y retomamos la ascensión por el sendero pedregoso que asciende enérgicamente hacia las lomas herbosas del Ori y sus 2.017 m de altitud, con extraordinarias vistas de todo el Pirineo.

Hemos ascendido a una cumbre que es la legendaria morada de Basajaun, el genio de los bosques, y la diosa Mari, una cima que realmente asombra, ya que desde su explanada alfombrada cae, precipicio abajo hacia la vertiente norte de la montaña, hacia Zuberoa.

20 PLAIAUNDI

En las marismas de Plaiaundi, allá donde el río Bidasoa se amansa para abandonarse al océano en la gran bahía de Txingudi, el río deposita el sedimento que trae de la montaña en la entrada del mar, donde crecen plantas en tierra salina y multitud de aves acuáticas.

Con el crecimiento de Irun, a las marismas se les dio poca importancia y Plaiaundi sufrió diferentes destinos como vertedero, depósito de arenas de dragados o instalaciones deportivas. Actualmente se han recuperado en parte por un proyecto pionero, creándose diferentes ambientes ecológicos interconectados por compuertas que regulan el agua y las mareas. Plaiaundi y la bahía de Txingudi es un refugio vital para las aves marinas migratorias, que nuestros pequeños podrán observar por un red de senderos, torretas y puestos de observación en una jornada muy agradable.

ACCESOS:
N-1 DIRECCIÓN IRUN HASTA DESVÍO EN DIRECCIÓN A HONDARRIBIA, EN EL KM 478. EN EL CASO DE IR POR LA A-8, TOMAREMOS LA SALIDA DE HONDARRIBIA.

El paseo por Plaiaundi comienza en el centro de interpretación o Txingudi Ekoetxea, referencia vital para el nuevo parque ecológico. Los senderos, que en su totalidad llegan a sumar algo más de dos kilómetros, se proyectan en una especie de ocho bordeando las lagunas, hábitat de todo tipo de especies de aves marinas y limícolas, que observamos desde diferentes caseras y torretas panorámicas. El primer bucle que os recomendamos realizar rodea la laguna de San Lorenzo y alcanza algunos de los puntos culminantes del parque desde una implantada aliseda: el observatorio de la espátula (otoño), un bello carrizal, el observatorio de la

EDAD: **0-5**
TIEMPO: **1** h
MAPA: **Bidasoa. 1:25.000.** Ed. Sua

garceta, los limos de la ría de Jaizubia, observatorio del chorlitejo (verano), la torre panorámica, caseta para observar la garza...

El siguiente bucle que podemos realizar pasa por la artificial Laguna Dulce donde contemplamos varios ánades, para, después de superar el campo de rugby, recorrer las marismas de Itzasberri. Así completamos la vuelta a este atractivo espacio natural.

21 SALTO DE XORROXIN

La cascada de Xorroxin es un lugar recogido tallado por el arroyo Iñarbegi, en las tierras de Baztan. La ruta ofrece la posibilidad de disfrutar de las sombras del bosque atlántico y de las frescas aguas de un arroyo de montaña, tal vez el hábitat de las misteriosas lamias.

ACCESOS:
HAY QUE TOMAR LA CARRETERA N-121B QUE VA DE ELIZONDO A AINHOA Y DESVIARSE EN UN CRUCE HASTA LA LOCALIDAD DE ERRATZU.

La ruta parte del pueblo de Erratzu. Junto a su iglesia, tomamos la pista asfaltada que, entre prados, conduce al barrio de Gorostapolo (1,5 km). El ascenso es moderado y nos lleva hasta la ermita de Doloretako Amabirgina. Desde ese punto tomamos el camino balizado que desciende por la izquierda en dirección a la vaguada del arroyo.

Llegamos a un puente tras el cual la senda discurre entre robles, castaños y avellanos. Después de un ligero ascenso, el camino se suaviza. Oiremos un primer rumor del agua y con atención descubriremos una corta senda que desciende hacia el arroyo, que nos ofrece dos pequeños pero interesantes saltos de agua (los niños deberán ir de la mano de un adulto).

Volvemos a la senda principal y llegamos a una bifurcación. Tomamos el camino de la derecha y atravesamos un puente de cemento. Sus inmediaciones son un buen lugar para detenerse refrescarse los pies y tenderse al sol,

NATURALEZA Recolección de frutos silvestres

La ruta discurre por un bosque mixto cuyos frutos, castañas y avellanas, pueden recogerse en el camino a finales del verano.Si el día es caluroso, la zona próxima al segundo puente es apropiada para chapotear en el arroyo.

Edad: 0-5
Tiempo: 2 h
Mapa: Baztan. 1:35.000. Ed. Sua

si el día es caluroso. Tal vez sea también el lugar en el que contar a los jóvenes del grupo que el lugar está habitado por lamias, ninfas acuáticas. A pocos metros dejamos el camino, que asciende, y tomamos un sendero que por la izquierda se adentra en la espesura del arroyo. Cuando llegamos a éste, deberemos cruzarlo aprovechando las piedras colocadas en su cauce. Los niños deberán ser llevados "a burros" o ayudados, pero la diversión está asegurada.

Una vez llegamos a la orilla opuesta discurrimos por un bosquete que recuerda por su humedad y exuberancia a la selva tropical. Helechos y musgos tapizan los troncos caídos y las rocas. La cascada truena pero no se ve... Pocos pasos más allá, el salto de Xorroxin se nos muestra tan blanco como furioso. Nos acercamos hasta que el agua vaporizada nos moja la cara. Las rocas de la orilla son muy resbaladizas, por lo que el acercamiento con niños debe hacerse con cuidado. Realizamos la vuelta por la misma ruta.

22 SARA - ZUGARRAMURDI

Esta travesía entre cuevas vaga por escondidos caminos de la Bruja Buruja; de contrabando, de ventas, bosques y grutas que posibilitaban caminar sin ser vistos, memoria que fusiona las cuevas más atractivas de nuestra geografía entre naturaleza y akelarres.

ACCESOS:
CUEVAS DE SARA. A ESTA LOCALIDAD SE ACCEDE DESDE DONIBANE LOHIZUNE DIRECCIÓN AZKAINE. DESDE EL BAZTAN, EL PASO DE DANTXARINEA NOS ACERCA A ZUGARRAMURDI.

Después de visitar las cuevas de Sara (hay que pagar una entrada), tomamos la Sorginen Bidea o Senda de las Brujas que une las cuevas de Sara y Zugarramurdi y parte por encima del aparcamiento de las cuevas de Sara. La ruta deja a la derecha la cantera y toma el marcado camino calzado que discurre paralelo a la pista. Luego sale a la pista para más adelante volver a adentrarse por la derecha en un bosque. Hay carteles que nos informan de los nombres de los árboles.

El bosque encantado se funde con las cuevas (utilizadas en verano como merendero) y asciende hasta la cavidad de Zejozilo. Algo más arriba el sendero se encuentra con otra pista. Descendemos por terreno de pastos hasta un cruce, junto al caserío llamado Markoneko borda.

Abandonamos la pista y nos introducimos por la senda que desciende por unas escaleras talladas en la tierra. El sendero se desliza levemente a la sombra de robles centenarios, pasando junto a la cueva de Axlor (sólo para especialistas). La marcha desciende con brusquedad al encuentro del Infernuko erreka-río del Infierno, que cruzaremos por un puente. La pendiente, corta pero dura para los peques, alcanza la pista que nos conduce hasta el camino de las cuevas de Zugarramurdi. Las Sorgiñen Leizeak-Cuevas de las Brujas nos envuelven de misterio, de magia, de leyenda en la cueva más emblemática de los akelarres vascos. Pero además nos encontramos en uno de los espacios naturales más sublimes de nuestra geografía, con su colosal portal de entrada surcado por el arroyo de Infernuko erreka.

En la cueva superior se encontraba el trono del diablo, mientras los fieles se esparcían por el vestíbulo en torno a las hogueras.

Lugar pagano hasta que en el siglo XVII el inquisidor Juan del Valle Alvarado inculpó a más de 300 vecinos de Zugarramurdi por el delito de Brujería: 40 fueron encarcelados y 12 quemados en la hoguera.

Tras la visita, seguimos por la pista hasta alcanzar el pueblo de Zugarramurdi. Por un costado de su imponente iglesia tomamos la pista que se dirige hacia Etxalar. Nada más dejar las últimas casas seguir la pista de la derecha que se dirige al cementerio. La pista conduce directamente y sin pérdida hasta las cuevas de Sara. De nuevo, volveremos a cruzar el arroyo de Infernuko erreka, y ascendemos hasta Markoneko borda. Más adelante la venta de Errotaxarreko borda nos dirige hasta las cuevas de Sara. Punto de partida de esta travesía circular.

EDAD: 5-9
TIEMPO: 2 h
MAPA: Baztan. 1:35.000. Ed. Sua

Puesto que estamos en una zona donde abundan las cavidades, si se desea, además de Sara y Zugarramurdi, muy cerca de esta última encontramos las cuevas de Urdazubi (Urdax). Se trata de una gruta creada por el arroyo Urtxuma con hermosas estalactitas y estalagmitas y una emocionante visita guiada.

23 URBELTZA Y LA CASCADA DEL CUBO

Estamos en el corazón de Irati, la masa forestal más destacada del viejo continente, junto a la Selva Negra. Nada menos que 17.195 hectáreas de interminables hayas y abetos. Este paseo fáci nos conduce hasta la cascada del Cubo o Itsuosin, por una pista paralela y del río Urbeltza.

ACCESOS:
Aparcamiento de la Virgen de las Nieves o Casas de Irati. La carretera parte de Otsagabia.

La carretera de Otsagabia asciende al puerto de Tapla y desciende en hacia el aparcamiento y caseta de información de las Casas de Irati y Virgen de las Nieves. Allá donde los ríos Urtxuria y Urbeltza dan nacimiento al Irati formando el corazón del bosque.

Para acceder al camino deberemos cruzar el puente sobre el río Urbeltza, uno de los arroyos que más agua aportan al Irati. Remontamos el río por su parte izquierda por una cómoda pista que a la sombra del hayedo corre paralela al río. La pista se distrae en un río repleto de truchas mientras los tejones, turones, gatos monteses, martas y lirones grises se esconden en la maraña del bosque. Un refugio abierto crea el ambiente que sólo tienen los grandes espacios naturales.

Continuamos sin apenas desniveles hasta llegar a la curva donde la pista comienza a ascender con fuerza. Tomar el sendero de

NATURALEZA Hoja caduca y hoja perenne

En Irati las hayas junto a los abetos parecen querer subir al cielo. Su colosal crecimiento les lleva hasta los 35 metros de altura y un metro de diámetro en su edad adulta. Durante la ruta podemos aprender a distinguir a este árbol de hoja perenne (que conserva todo el año) con otro de hoja caduca (que muda de hoja), como el haya.

EDAD: 0-5
TIEMPO: 1 h
MAPA: Irati. 1:25.000. Ed. Sua

la derecha (señalizado) que se dirige por las rocas hasta la pequeña cascada y sus bellas pozas de limpias aguas del Urbeltza (aguas negras), topónimo que parece provenir de la reverberación de sus balsas de agua. En otoño, se tiñe de colores amarillo-rojizos mientras los ciervos machos rompen con la berrea.

OLOREN STE. MARIE
LOURDES
BAGNERES
DE BIGORRE
LARUNS
LESCUN
33
41
CAUTERETS
39
32
ARREU
IZABA
43
34
ST. LARY
35
ANSÓ
CANFRANC
27
26
ECHO
42
24
BIELSA
BENASQUE
BIESCAS
TORLA
31
28
29
JACA
40
38
SABIÑANIGO
BOLTAÑA
37
L'AINSA
30
ABIZANDA
GRAUS
HUESCA
BENAVARRI

PIRINEO CENTRAL

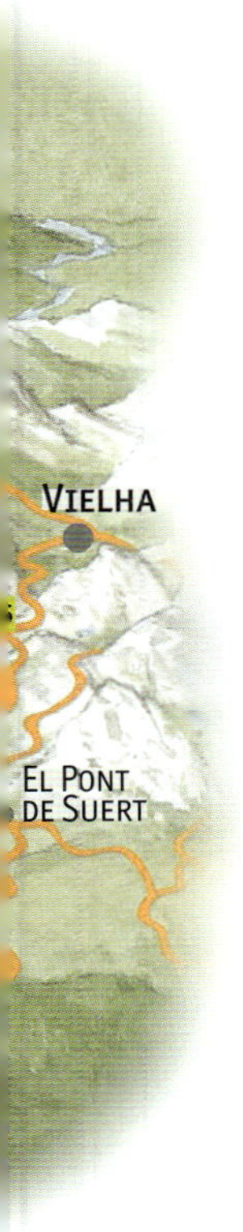

24 ABETAL DE TURIETO

Musgos verdes, abetos oscuros, bojes, cascadas luminosas, campos de siega... convergen en el trazado que une Torla con la Pradera de Ordesa. Caminar por los antiguos senderos es la mejor alternativa frente a la posibilidad de entrar en el parque nacional en vehículo a motor.

ACCESOS:
HACIA BIESCAS Y ORDESA POR LA N-260. EN TORLA, DEJAR EL VEHÍCULO EN ALGUNA DE LAS ZONAS HABILITADAS PARA APARCAR.

El bosque de Turieto Bajo, a la entrada del valle de Ordesa, es una de las más hermosas masas forestales de la cordillera. Por este bosque de abetos discurría antaño el camino de herradura que daba acceso principal al famoso valle, hasta que en la década de 1950 se construyó la carretera que lleva hasta la Pradera de Ordesa.

El trazado de nuestro itinerario está bien señalizado. Desde Torla es preciso bajar al puente de la Glera y, por la orilla izquierda del río, llegar hasta las inmediaciones del Puente de los Navarros por zonas de campos y bosques de pino silvestre. A partir de este punto se enlaza con el GR-11, entrando en los límites del parque nacional de Ordesa y Monte Perdido.

En esta segunda mitad del itinerario comenzamos a advertir en el sendero el dominio del abeto, que se mezcla con hayas y pinos. Los bosques húmedos y musgosos de hayas y abetos, su fauna de montaña y un conjunto de cascadas poco conocidas por el gran público constituyen una invitación de peso para adentrarse por este sencillo y bien señalizado itinerario, donde no faltan alicientes y belleza.

Pero es el agua vivificadora el elemento natural que tiene un protagonismo especial en estos parajes. El ímpetu del río Arazas se hace especialmente manifiesto en los diversos saltos de agua que éste ha de realizar a consecuencia del apreciable desnivel del terreno. Cascadas que se observan y escuchan por este orden de visita: Molinieto, Tramasaguas, Turieto, Tomborrotera y Abetos, siendo la primera y las dos últimas las más vistosas y accesibles desde la senda, aunque las otras no les anden a la zaga en espectacularidad plástica. Algunas de ellas disponen de miradores habilitados para que sea más fácil admirarlas y fotografiarlas.

Ya en la parte final del itinerario, cerca del centro sensorial de Casa Oliván, se halla el monumento dedicado al pirineísta francés Lucien Briet, cuya efigie recuerda a esta personalidad impulsora de la protección del valle.

Los efectos devastadores de la caída de un alud o avalancha de nieve, la vista cenital del Tozal del Mallo –pared que desde abajo asemeja ser un gran retablo de roca– y también el puente de la Ereta o de la Canalera, suponen también puntos de interés en este recorrido sosegado pero con muchos focos de atención.

EDAD: 5-9
TIEMPO: 2 h 30 min
DESNIVEL: 300 m
MAPA: Ordesa, Gavarnie. 1:35.000. Ed. Sua

25 AIGÜALLUTS

En el valle de Benasque, a una hora de suave camino, se halla la cascada de Aigüalluts, que recoge las aguas provenientes del deshielo del Aneto. Desde allí podemos ver la cumbre más alta de los Pirineos y también entender el juego oculto de algunos ríos de montaña.

La cascada de Aigüalluts se desploma incansable en la parte alta del valle del Ésera, en el Plan de Aigüalluts, al pie de los Montes Malditos. Su fuente, su nacimiento, está en la fusión del hielo glaciar que cubre a modo de bufanda la parte alta del pico Aneto, siendo la masa helada más extensa de cuantas persisten –de forma un tanto precaria– en la cordillera pirenaica.

Para llegar a la cascada hay que partir de Llano de la Besurta (1.900 m). Un cartel nos indica el camino. Durante los primeros quince minutos se coincide con el sendero que sube al refugio de montaña de la Renclusa. En primavera, la senda se ve inundada de una floración muy vistosa: siemprevivas, dientes de perro, violetas, los venenosos acónitos, quitameriendas, gencianas de varias clases, narcisos amarillos... En el camino de Aigüalluts, además, resulta fácil observar grupos de sarrios encaramados a las verticales laderas del valle. El silbido de alarma de las marmotas delata también su presencia.

La cascada de Aigüalluts se descuelga desde más de quince metros de altura. Pero más que un hilo de agua es una ancha cortina líquida que evidencia la vida imparable y el movimiento incansable propio de los ciclos de la naturaleza pirenaica. Por encima de su desplome, el plan o pradera del mismo nombre (2.090 m) muestra su cara blanca en invierno, y verde en primavera y verano.

ACCESOS:
POR LA CARRETERA A-139 UNA VEZ REBASADO EL CONGOSTO DE OLVENA Y LUEGO HASTA BENASQUE. ALLÍ SE TOMA LA PISTA DE LA BESURTA. EN VERANO HAY REGULACIÓN DE PASO.

EDAD: **5-9**
TIEMPO: **1 h**
DESNIVEL: **200 m**
MAPA: **Benasque. 1:35.000.** Ed. Sua

Y decíamos que este salto de agua es misterioso porque cien metros más allá de su caída se filtra bajo tierra en el agujero o Forau de Aigüalluts, una amplia torca de 80 m de diámetro y treinta de profundidad. Y lo más curioso es que su caudal no alimenta al río Ésera, ni recorrerá nunca más el valle de Benasque, que sería lo más lógico, sino que por debajo del suelo cambia de vertiente. Conductos y galerías subterráneas permiten un trasvase oculto y natural que lleva las aguas de Aigüalluts a la vertiente norte de los Pirineos, surgiendo a borbotones de las entrañas de la tierra en los llamados Uelhs deth Jòeu, ya en el valle catalán de Aran. En total, estas aguas emprenden un viaje de más de cuatro kilómetros de recorrido, con 600 m de desnivel.que hará que, contra toda ley de la naturaleza, las aguas del Aneto y de la cascada de Aigüallu-ts desemboquen cerca de Burdeos y sean una de lasprincipales fuentes del río Garona.

26 BORDAS DE BIADÓS

En las Bordas de Biadós, en la cabecera del valle de Chistau, se halla uno de los paisajes humanizados más hermosos de la cordillera. El marco natural es fabuloso, con los bosques de montaña y la mirada imponente de macizo de Posets.

Aunque se puede llegar en coche por pista hasta el mismo refugio, lo mejor será dejarlo antes, a la altura de las praderas de Virgen Blanca (1.555 m).

Caminando por la pista que lleva a Biadós, se atraviesa un puente de cemento sobre el torrente del Cinqueta de la Pez, y se prosigue vía arriba siguiendo las marcas del GR-11 en dirección este. Pronto se pasa junto al cámping El Forcallo y, en la pradera contigua, se deja a la derecha el camino señalizado como GR-19 que conduce al pueblo de Gistaín. Enseguida nacerá a la derecha otro sendero que ataja las revueltas de la pista forestal, indicado con marcas de GR. Esta senda, ligeramente pendiente, nos lleva a una primera borda, la del Forcallo. Nuevamente se atraviesa la pista y, por una senda evidente, se llega a la parte trasera del refugio de Biadós (1.745 m), pasando poco antes a la izquierda de una escultura. Desde este elevado punto se contempla perfectamente el paisaje cultural que componen las bordas (hasta más de una docena) y campos de Biadós. También obtenemos una buena vista del Posets. Descendiendo del refugio al encuentro del fin de la pista de Biadós, se atraviesa el barranco que baja de los Orieles. Entre prados y bordas salpicadas, se dejará al final, a la izquierda, la senda que remonta hacia el puerto de Gistaín. A partir de este

ACCESOS:
POR LA CARRETERA A-138 QUE LLEVA A L'AÍNSA. EN EL MESÓN DE SALINAS, TOMAR LA CARRETERA AL VALLE DE CHISTAU Y CONTINUAR MÁS ARRIBA DE SAN JUAN DE PLAN PARA ENTRAR POR LA PISTA FORESTAL AL REFUGIO DE BIADÓS.

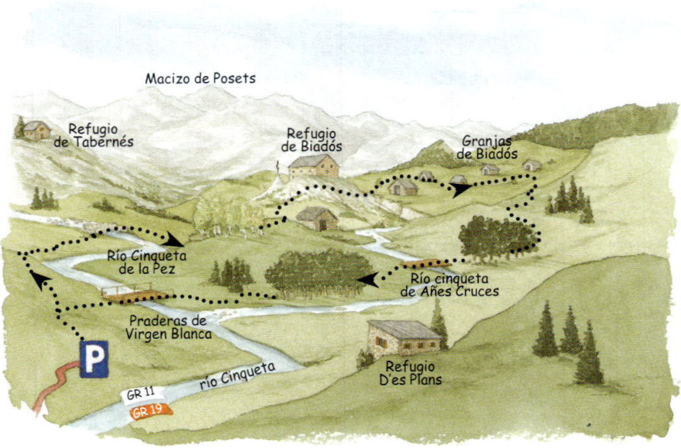

Edad: 5-9
Tiempo: 1 h 30 min
Desnivel: 200 m
Mapa: Benasque. 1:35.000. Ed. Sua

punto hay que perder un poco de altura y llegar al puente de la Palanca que atraviesa el Cinqueta de Añes Cruces. Se prosigue a mano derecha por la orilla orográfica izquierda del río, entrando en el bosque de pino negro. Hay que tener especial cuidado con no tomar un sendero señalizado hacia los lagos de Millares y de Lenés, ya que el caminante deberá proseguir largamente por pista abajo, adentrándose en el bosque de pino silvestre, hasta localizar un sendero descendente que nace a mano derecha de la vía, indicado con un visible mojón de piedras. Este tramo sirve para atajar y desemboca nuevamente en la pista. Hay que seguirla solamente diez metros para continuar otra vez ladera abajo y llegar a una zona más bien llana en las inmediaciones del río. Sin llegar a alcanzar el refugio de Es Plans, no muy lejos, un puente de madera permite atravesar el río a la altura de la confluencia de los dos cinquetas, ya en las praderas de Virgen Blanca.

Fue el punto de inicio y ahora es el fin de este sencillo paseo capaz de satisfacer a toda la familia.

27 BOSQUE DE BETATO

Al pie de Peña Telera, desde Tramacastilla de Tena, caminaremos hasta encontrar la sombra del hayedo del Betato. Rodeados de vegetación frondosa, recordaremos historias de brujas y descansaremos sobre la hojarasca seca de este bosque lleno de misterio.

ACCESOS:
Desde Sabiñánigo a Biescas por la N-260. La carretera A-136 lleva a Panticosa. Antes, hay que tomar un desvío a Tramacastilla de Tena.

El camino se inicia en la pista forestal que parte desde el frontón de Tramacastilla y que atraviesa en dirección sur prados y retazos de robledal donde abundan los pinzones, los carboneros y aves carpinteras como el verde pito real. A lo largo de todo el itinerario tendremos frente a la vista las abruptas paredes y laderas de la sierra de Partacua y de su cima más notable y reconocida, la Peña Telera, con 2.762 m.

La variedad de árboles y arbustos existentes de hoja caduca es elevada: álamos negros y temblones, arces, cerezos silvestres, abedules, serbales, sauces diversos, guillomos, majuelos... y numerosos saúcos de cuyos frutos podremos elaborar excelentes mermeladas para el otoño (siempre que conozcamos bien la baya).

TRADICIONES Brujas y osos a buen recaudo

Este magnífico bosque de hayas y otras caducifolias conocido como el Betato fue el bosque vedado, el prohibido, donde se refugiaba la caza, las bestias, los corzos, los osos... y donde, según dicen los habitantes de la zona, en el siglo xviii se reunían las brujas del valle para celebrar su aquelarres o reuniones maléficas. Por eso, en lo más alto de las chimeneas de la zona encontramos "el espantabrujas".

Atravesamos el barranco del Górgol o de Lana Mayor por un pequeño puente y vemos cómo el agua se encajona entre paredes rocosas ocupadas por bellas plantas como la corona de rey, al tiempo que encontramos cascadas, badinas, grandes bloques de piedra y podemos ver al mirlo acuático, de característico pecho blanco, ave ligada a los bravos cursos de los ríos de aguas limpias de montaña.

Unos cincuenta metros más adelante, a la derecha de la pista, un sendero asciende internándose en el bosque de hayas del Betato, una masa boscosa salpicada de claros con praderas, donde podemos observar la bonita flor de la aguileña y la corteza blanca, que se desprende en láminas del abedul.

Continuando por la senda y atravesando zonas de prados, llegaríamos al pueblo de Piedrafita de Jaca, punto de partida de otras bellas excursiones hacia el ibón y las praderas de Lana Mayor.

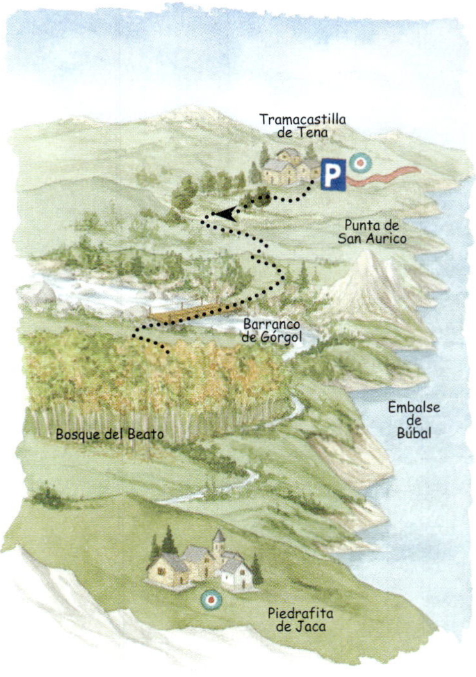

Edad: 5-9
Tiempo: 1 h 15 min
Desnivel: 150 m
Mapa: Valle de Tena. 1:35.000. Ed. Sua

28 CHORROS DE FORNOS

El agua que recoge el macizo cárstico de Cotiella y la Punta Llerga reaparece del interior de la tierra en la imponente cascada de los Chorros de Fornos, una potente surgencia de agua localizada en la garganta del río Irués.

ACCESOS:
POR LA CARRETERA A-138 QUE LLEVA A AÍNSA. VALLE DEL CINCA ARRIBA, EN LAFORTUNADA SALE A LA DERECHA EL DESVÍO A BADAÍN.

En las regiones cársticas, el agua de la lluvia y del deshielo se filtra en el subsuelo por la parte alta de las montañas y comienza un viaje misterioso por las entrañas de la tierra para aparecer, muchos metros de desnivel más abajo, en el fondo de los valles a través de las llamadas fuentes o surgencias. El macizo de Cotiella, entre el Sobrarbe y la Ribagorza, es un bello ejemplo. En contraste con la aridez de las partes altas, el agua renace y no escasea en lo más profundo de estos valles.

En la entrada de Badaín (690 m), junto a una casa moderna, debemos empezar a caminar por un sendero que parte en dirección sureste hacia la entrada del río Irués. El camino, bien marcado, pasa pronto junto a algunas bordas tradicionales y gana perspectiva sobre el valle principal del río Cinca.

El camino discurre sin perder ni ganar desnivel por la base de la Punta Llerga. Abajo, en las pozas y badinas de este río , viven las truchas y la nutria. Atravesaremos diversos barrancos y, al

NATURALEZA Viajar a contracorriente

Pocos animales viven tan a gusto en las aguas frías de la montaña como la trucha. Nada la detiene, ni tan siquiera las cascadas de un metro de alto. En otoño las truchas inician un viaje contracorriente, que les lleva a los lugares de la puesta de los huevos.

Edad: 5-9
Tiempo: 1 h 30 min
Desnivel: 150 m
Mapa: Bielsa, Cotiella. 1:35.000. Ed. Sua

cabo de una hora y tras un corto descenso final, se llegará al encuentro de ríos (780 m). Aquí se abrazan el Irués –a nuestra izquierda– y el Garona –a la derecha– que trae las aguas de la vertiente norte de Peña Montañesa. Si desde aquí cruzáramos a la margen izquierda del Irués y siguiéramos por lo alto unos escarpes, llegaríamos a la surgencia del Manantial de Fornos. Es preferible subir al camino y continuar a la derecha, acercándonos hacia la Fuente de Fornos (850 m) que se ve en la ladera de enfrente, medio escondida.

Estamos ya en la garganta del Irués. Esta surgencia crea una discreta cascada de gran caudal, que en la zona recibe el nombre de El Chorro.

29 EL SOBREPUERTO

Entre el Serrablo y los altos pastos del Sobrepuerto podemos encontrar bellos pueblos que mantienen la esencia de lo tradicional. Las viejas iglesias mozárabes de Susín y Olibán contrastan con los pueblos y lugares que han sufrido el fenómeno de la despoblación.

ACCESOS:
ENTRE SABIÑÁNIGO Y BIESCAS, ANTES DE ESCUER BAJO, HAY QUE TOMAR A LA DERECHA UNA PEQUEÑA CARRETERA QUE LLEVA A OLIBÁN.

El Sobrepuerto es una de las zonas más despobladas de todo el Pirineo aragonés, pero con sus recursos naturales y aún en pie se convierte en una excepcional alternativa turística a los grandes paisajes pirenaicos al uso.

Desde que en la década de 1950 muchas zonas del Alto Aragón sufrieran un éxodo rural sin precedentes, se puede afirmar que tan sólo el silencio y el olvido habitan la mayor parte de los pueblos y aldeas del Sobrepuerto. Un sencillo itinerario que nos puede dar una visión parcial de estas montañas es el que parte desde la Casa Piquero, en el pueblo de Olibán (900 m), cruza el barranco de Olibán, siguiendo por la pista y luego por la senda del Paco de Susín –señalizada como PR– hasta el pueblo de Susín (1.070 m). Luego, ya de regreso por la pista, hay que desviarse barranco arriba, a mano derecha, para acercarse hasta el deshabitado enclave de Berbusa (980 m), cruzando al otro lado del valle por un sendero indicado con las marcas ama-

TRADICIONES Retroceder medio siglo

¿Podemos imaginar cómo era hace cincuenta años la vida aquí? Estaban aislados, sin carreteras, sin luz eléctrica y, por supuesto, sin televisión. Los niños tenían poco tiempo para ir a la escuela, pues había que ayudar en las tareas del campo.

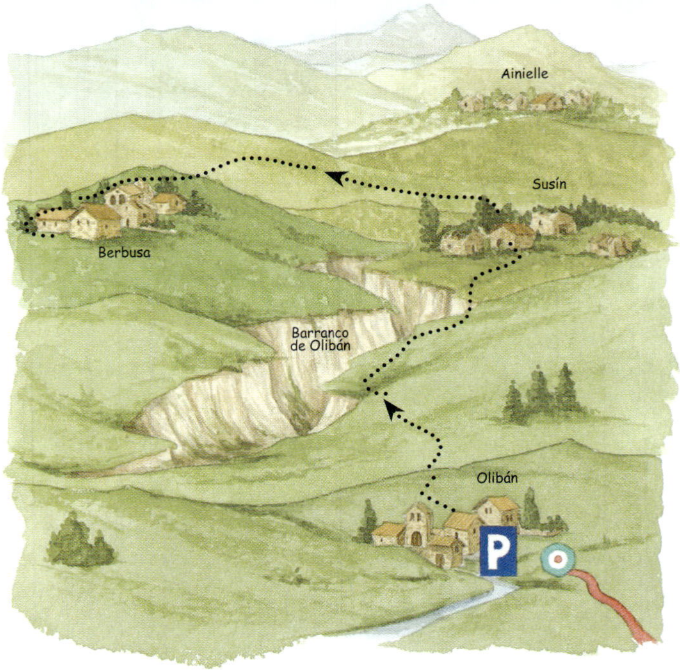

rillas y blancas. Si uno quiere caminar más, puede seguir una hora y media pista arriba y luego, por senda, hasta la aldea de Ainielle (1.350 m), protagonista de la excelente novela de Julio Llamazares *La lluvia amarilla.*

Olibán, en la margen izquierda del río Gállego, cuenta con la iglesia prerrománica de San Martín. En Susín también podremos admirar una bella iglesia mozárabe –Santa Eulalia– y pasearnos por el conjunto de casas que forman la población y que muestran la bella arquitectura popular de la zona.

EDAD: 0-5
TIEMPO: 2 h 15 min
DESNIVEL: 250 m
MAPA: Serrablo. 1:40.000. Ed. Pirineo

Berbusa, en la margen derecha del barranco de Olibán, es propiedad del Gobierno de Aragón, y no es mucho más que un montón de ruinas.

30 ENTREMÓN

Altas paredes de roca delimitan el congosto del Entremón, un estrecho pasillo fluvial del Viejo Sobrarbe al que los viajeros del siglo XIX temían, pero al que admiraban por su belleza. Un desfiladero que fue testigo en el año 1038 del asesinato del rey del Sobrarbe.

ACCESOS:
POR LA CARRETERA A-138. A LA ALTURA DEL MESÓN DE LIGÜERRE DE CINCA, DESVIARSE HACIA LIGÜERRE Y PALO.

El congosto del Entremón, situado allí donde se une la cola del embalse de El Grado con la presa del pantano de Mediano, constituía hasta no hace muchas décadas un difícil y peligroso paso de rápidos que debían sortear con habilidad los navateros. El geógrafo oscense Lucas Mallada decía de él: "es un paso arriesgado ue pocas personas serían capaces de cruzar". Pero, a pesar de que el oficio de navatero se perdió y buena parte del Cinca se embalsó... el estrecho del Entremón guardó su esencia de fisura tortuosa y salvaje.

Hoy, un itinerario de tres kilómetros de longitud recorre el fondo del congosto por las laderas pedregosas de la margen izquierda del río, bajo la señalización de las marcas del GR-19. Durante la primavera el paisaje adquiere perfumes montanos con la intensa floración del tomillo y del romero. Dicho camino se inicia una vez pasado el puente existente en la carretera que une el Mesón de Ligüerre con Palo, realizándose a pie en una hora hasta desembocar en la presa de Mediano. Se trata de un itinerario fantástico donde se apre-

TRADICIONES Las navatas

Todos los años unos interesantes y divertidos festejos hacen posible que las navatas —balsas construidas con troncos unidos entre sí con las que se bajaba el río para transportar la madera y venderla— vuelvan a navegar por el río Cinca.

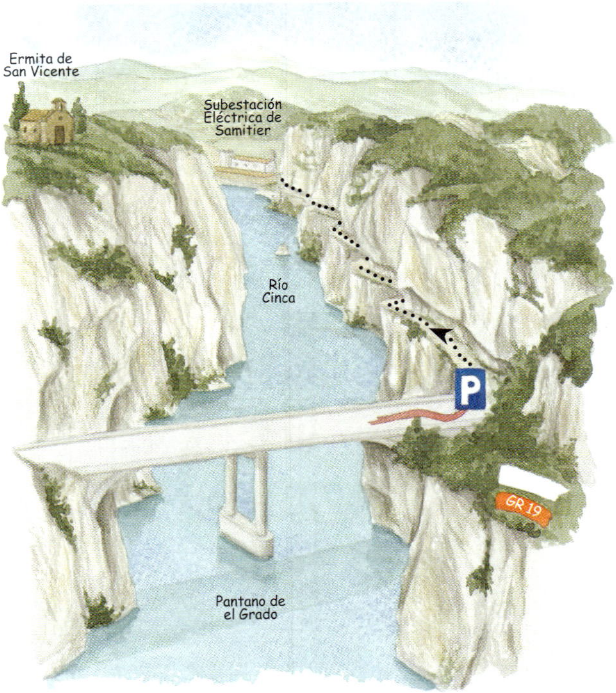

EDAD: 5-9
TIEMPO: 1 h 30 min
DESNIVEL: 100 m
MAPA: L'Ainsa-Sobrarbe. 1:40.000. Ed. Prames

cian diversas plantas que crecen en las fisuras del roquedo, como la corona de rey o el zapatito de la virgen, que aprovechan los más minúsculos resquicios de la caliza. Buitres leonados, oscuros bandos de chovas piquirrojas y currucas rabilargas habitan el Entremón.

Al final del trayecto se contemplan las aguas represadas sobre las que emerge la torre de la iglesia del antiguo pueblo, imagen que se ha convertido en símbolo de los lugares de montaña anegados con la construcción de las grandes obras hidráulicas.

31 GARGANTA DEL YAGA

Desde el último de los miradores de Revilla, sobre el barranco de Angonés, se aprecia a vista de pájaro la garganta del río Yaga. Lo más curioso es debido a la inversión térmica las hayas quedan en la parte baja del valle y las encinas colonizan las partes altas.

ACCESOS:
POR LA CARRETERA A-138 QUE LLEVA A AÍNSA. VALLE DEL CINCA ARRIBA, DESVÍO A TELLA, LAMIANA Y, FINALMENTE, REVILLA.

La garganta de Escuaín, labrada por la acción erosiva del río Yaga, dispone de dos miradores naturales, situados en ambas márgenes de la parte superior de este desfiladero.

Uno de los miradores es el de la Proa de Socastiello, situado en las inmediaciones del pueblo de Escuaín, sobre la margen derecha del valle. Y el otro es el mirador del barranco de Angonés, al que se accede desde la curva de la carretera que hay justo antes de llegar a Revilla. Ambos están bien señalizados, y desde los dos se obtienen diversas panorámicas aéreas de la garganta, repleta de pozas. Abajo queda la surgencia y la cascada de la Fuente del Yaga, desde donde ascienden paredes verticales hacia el circo de La Sarra, en la cabecera del barranco de Angonés. Los miradores de Revilla nos ofrecen, por tanto, una visión insólita de estos parajes que la naturaleza ha creado pacientemente a lo largo de miles y miles de años.

Por eso tampoco hay que tener prisa para ir desde Revilla (1.220 m), atra-

NATURALEZA Menús celestiales

¿Cuál es el menú diario de los pájaros pirenaicos? Los de pico fino se alimentan de insectos –como el petirrojo o el mosquitero. Los de pico más grueso, de semillas –jilguero o camachuelo. Las rapaces poseen un pico curvado y garras para capturar presas.

vesando el barranco de Consusa, hasta el mirador de Angonés (1.240 m), siempre caminando por una faja colgada conocida como A Feixa. Es recomendable detenerse en los diversos miradores, buscar al pie de la pared los restos de la ermita de san Lorenzo, observar los quebrantahuesos o parar la marcha en un punto del camino con el fin de escuchar los sonidos del bosque.

La garganta de Escuaín, como sucede también en el cercano cañón de Añisclo, sufre el fenómeno de la inversión térmica. Las hayas, que gustan de la humedad y por tanto de laderas más altas, expuestas a la lluvia, aparecen curiosamente en el fondo del valle. Contrariamente, las encinas o carrascas que están en los piedemontes, somontanos y partes inferiores de las montañas, aquí trepan sobre hayas y abetos, buscando el calor del sol en los cantiles y cortados expuestos al sur.

Y es que el fondo de la garganta del Yaga posee un microclima más fresco y húmedo, donde los rayos del sol penetran con más dificultad.

Edad: **0-5**
Tiempo: **1** h
Desnivel: **50** m
Mapa: **Ordesa, Gavarnie. 1:35.000.** Ed. Sua

32 GAVARNIE

Víctor Hugo dejó escrito que el circo de Gavarnie era a la vez montaña y muralla, además de uno de los edificios más hermosos, obra del más misterioso de los arquitectos. Este coliseo de la naturaleza es una parte importante del patrimonio mundial en los Pirineos.

A las faldas del Monte Perdido, donde se unen los parques de Ordesa y de los Pirineos, el paisaje acoge formidables cañones y barrancos junto a circos de origen glaciar con forma de gran anfiteatro. Uno de los más conocidos es el de Gavarnie.

ACCESOS:
CRUZAR LA FRONTERA POR EL PORTALET O EL TÚNEL DE BIELSA PARA LLEGAR A LUZ- SAINT-SAUVER. DE GÈDRE, A GAVARNIE.

El camino del circo parte de la localidad de Gavarnie (1.365 m). De la margen orográfica izquierda del río se cruza a la otra orillapor el puente de piedra de Brioule. Campos de siega, fresnos y abedules se extienden a ambos lados del camino. Se produce una ligera bajada a un amplio llano labrado en tiempos pretéritos por las lenguas glaciares. Al otro lado del río hay un jardín botánico de montaña y un monumento al pirineísta Franz Schrader. El caminante se irá encontrando con pinos negros, abedules, abetos y hayas. Se llega a la terraza del Hotel del Circo (1.570 m), desde donde se aprecia en toda su magnificencia el circo de Gavarnie, lugar que desde el siglo XIX se ha convertido en el símbolo de las altas montañas pirenaicas. Desde aquí, un camino trillado

ATRACTIVOS DE LA RUTA

Una de las formas más divertidas de acceder a la Gran Cascada es montados en burro, que se alquilan en Gavarnie. El centro urbano, de esta localidad, además, está cerrado al tráfico, por lo que se puede pasear con total tranquilidad.

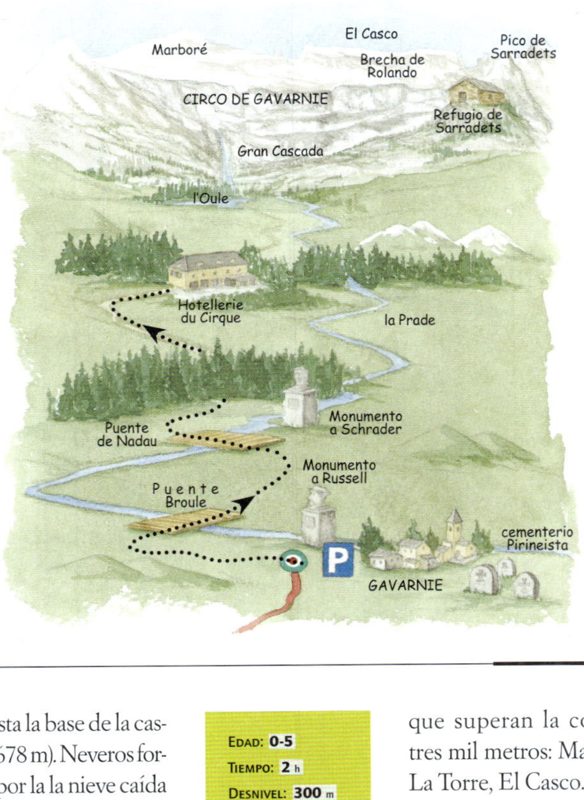

lleva hasta la base de la cascada (1.678 m). Neveros formados por la la nieve caída con los aludes de primavera, permanecen "vivos" hasta entrado el verano.

Edad: 0-5
Tiempo: 2 h
Desnivel: 300 m
Mapa: Ordesa, Gavarnie. 1:35.000. Ed. Sua

Del fondo del valle se desprende la estruendosa y sorprendente cascada, una de las más altas de Europa, con 422 m de caída. Por encima de ella se alzan once cimas que superan la cota de tres mil metros: Marboré, La Torre, El Casco...

Más de 20.000 años han transcurrido desde que la masa gélida de un inmenso glaciar que se extendía hasta Lourdes (a 40 km de este lugar), tallara y excavara en la roca caliza este paisaje de 1.600 m desnivel y cerca de 900 de diámetro.

33 HAYAS DE GAMUETA

Gamueta es el mejor bosque de hayas y abetos de todo el Pirineo aragonés. Un lugar semivirgen donde no hay huellas de explotación humana reciente. Animales emblemáticos como el oso y la salamandra se refugian en estas selvas por donde discurre este sencillo paseo.

El hayedo-abetal de Gamueta, en el valle de Ansó, es uno de los espacios naturales más húmedos y frescos del Alto Aragón. Es el mejor ejemplo boscoso de montaña cantábrica que hay en la provincia de Huesca.

Para llegar hasta el bosque es preciso dejar el coche en el refugio guardado de Linza (1.350 m). Desde allí, y junto a un área recreativa, hay que tomar un camino que gana altura hasta el Paso o Achar de los Caballos (1.430 m), una especie de collado abierto entre pequeños peñascos rocosos de caliza. La senda bordea el bosque y, en dirección este, hacia el pico del Chinebral o Foya de Gamueta, se adentra por el hayedo. El recorrido finaliza en el Paso del Onso (1.650 m).

ACCESOS:
Por la carretera A-132. En Puente La Reina seguir por la A-176 hasta Ansó, de donde parte una carretera a Linza.

La presencia de los líquenes, musgos y otros vegetales que crecen a costa de la madera muerta testimonian ese alto grado de humedad ambiental. Cuando la primavera llega, las hojas de las hayas explotan con intensidad. En pocos días despuntan los follajes. Un tupido parasol que al llegar el mes de octubre cambiará de color

NATURALEZA Los gigantes del bosque

Las hayas pueden alcanzar una altura de casi 30 m. Pero aún hay un árbol que sobresale todavía más. Se trata del abeto blanco, que puede alcanzar hasta 45 m.

EDAD: **5-9**
TIEMPO: **40** min
DESNIVEL: **300** m
MAPA: **Belagua, Ansó, Echo. 1:35.000.** Ed. Sua

Además del haya y el abeto predominantes, aparecen el tejo, el pino silvestre, algún olmo de montaña y, en las partes elevadas o rocosas, el pino negro. Y entre la fauna no hay que olvidar la presencia temporal o esporádica del oso pardo, que encuentra aquí un rincón de paz y un refugio. La lista se completa con animales querenciosos por la humedad, el agua, la lluvia, el verdor y la vegetación tupida: la llamativa salamandra, el forestal arrendajo, el carbonero palustre, el agateador norteño, el zorzal, el trepador azul, el insecto celeste de la rosalía alpina, el corzo, la ardilla, el jabalí... o el zorro.

de manera espectacular, las hojas caerán para formar una alfombra vegetal, pasando a ser parte del suelo.

El hayedo de Gamueta se salvó de ser talado entre los años 1993 y 1995 y es un paraje donde la intervención humana ha sido escasa, lo que le ha permitido conservar las características estructurales originales que son propias de estos enclaves naturales. Por eso es único y singular.

34 LA CANAL ROYA

La Canal Roya es un valle glaciar situado al norte del pico Anayet, antiguo resto pétreo de un pitón volcánico o chimenea de fuego por donde ascendía hacia el exterior la lava, hoy endurecida y fría. El nombre del lugar es debido a la presencia de rocas areniscas rojas.

Unos tres kilómetros más arriba de Canfranc Estación, antes de llegar a la curva de las instalaciones militares de Rioseta, habrá que dejar nuestro vehículo en un aparcamiento (1.360 m) que hay a la derecha de la carretera N-330 que lleva al puerto del Somport, concretamente en el punto kilométrico 186. Un puente cruza el río Aragón y una pista forestal cerrada a los vehículos nos adentra en los paisajes de la Canal Roya. Un bosque de pino silvestre nos acompaña en estos primeros pasos bien señalizados con las marcas rojas y blancas del GR-11.

ACCESOS:
CARRETERA N-330 HASTA CANFRANC ESTACIÓN. HAY QUE SEGUIR EN DIRECCIÓN A FRANCIA (PASO FRONTERIZO DE SOMPORT) HASTA LA ENTRADA DE LA CANAL ROYA.

Más adelante se pasa junto a un merendero con fuente. La panorámica se abre conforme nos acercamos al final de la pista forestal, a poco más de dos kilómetros del inicio del recorrido. A partir de aquí el amplio camino se transforma en sendero que cruza el río y, en la margen izquierda del mismo, llega al refugio libre de Lacuars (1.550 m), donde desaparece prácticamente el bosque para dar paso a extensos praderíos de montaña.

En el camino que hemos hecho para llegar al refugio comprenderemos por qué se habla de Canal Roya. Basta mirar el color de las rocas de las laderas que descienden del cordal de La Raca: las tierras y laderas del valle presentan una coloración roja o "roya", correspondiente a un "cemento ferruginoso" propio de areniscas del Triásico.

A partir del refugio de Lacuars se entra en la cabecera del valle de la Canal Roya. El perfil del valle en forma de artesa, o de U, evidencia la existencia del viejo paso de una lengua de hielo glaciar. El sendero discurre por el trazado dibujado en los pastizales, bajo la cara norte del pico Anayet, compuesto de rocas andesitas, materiales que, por el enfriamiento de lava se solidificaron en la superficie terrestre tomando su actual forma.

El punto final de esta ruta es el circo glaciar de la Rinconada de las Negras (1.850 m), paraje de viejos glaciares rocosos y de aguas en deshielo que se precipitan por las paredes naturales del lugar.

El fondo plano del circo lo recorren el río de Canal Roya, dibujando meandros serpenteantes por las verdes praderas turbosas donde prosperan plantas amantes de suelos encharcados y húmedo.

En las primeras horas del día, cuando el silencio es dueño de la Rinconada, los sarrios o rebecos bajan a estos arroyos desde las cumbres solitarias del valle.

EDAD: 9-14
TIEMPO: 2 h
DESNIVEL: 550 m
MAPA: Canfranc. 1:35.000. Ed. Sua

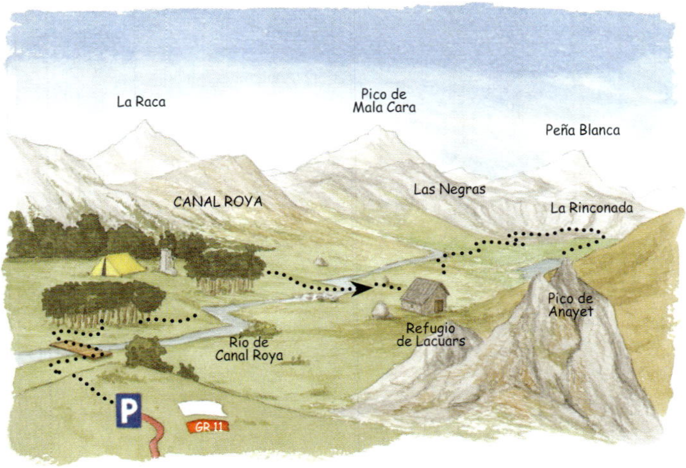

35 LAGO DE CATCHET

Al otro lado del Túnel de Bielsa, en la vertiente norte, escondido entre las altas cumbres de picos afilados, el pequeño lago de Catchet refleja en sus aguas plácidas las verticales paredes rocosas de un circo de montaña poco conocido entre los montañeros.

Después de cruzar el túnel transfronterizo, aparcaremos el vehículo a la altura de la cabaña de pastores (1.680 m) que hay abajo, en la ribera del río.

Desde la cabaña se cruza el río y, en dirección SSE, se entra en un bosque de pinos negros y rododendros. Pese a la carencia de señales senderistas, una vez en el camino su trazado resulta bien visible. El desnivel, a pesar de no ser fuerte, es continuado.

ACCESOS:
POR LA CARRETERA A-138 QUE LLEVA A L'AÍNSA. VALLE DEL CINCA ARRIBA, HAY QUE DEJAR A UN LADO EL DESVÍO A BIELSA Y PINETA PARA ATRAVESAR EL TÚNEL DE BIELSA-ARAGNOUET.

Pronto la senda sale del bosque y toma rumbo este, realizando cortos zigzags. Se cruzan diversos barrancos y se va ganado altura sobre el alto valle del Aure que, en este tramo, recorre la Neste de Saux. Esta montaña tiene tradición ganadera y por eso, además de ovejas, uno puede disfrutar del planear de los buitres que se alimentan de carroñas y de cabezas de ganado muertas. Cuando hayamos llegado a la altura de una cas-

NATURALEZA Prados púrpura

Rododendro es un vocablo griego que quiere decir "el árbol de flores rosas". Y aunque el rododendro que hay en los Pirineos es un arbusto que no supera el metro de altura, lo cierto es que en verano estas plantas de hojas verdes tiñen las laderas de rosa púrpura.

EDAD: 9-14

TIEMPO: 1 h 30 min

DESNIVEL: 550 m

MAPA: Néovielle. 1:25.000. I.G.N.

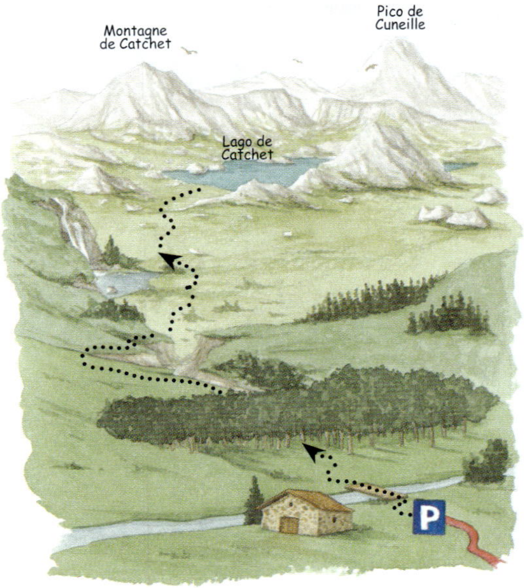

cada (1.950 m) de un tamaño mediano (de 10 m de altura), podemos hacer una pausa en el camino hacia el lago.

A partir de aquí la senda se interna por pastos húmedos y verdes, intercalados de pedreras. Hitos o mojones nos indicarán el buen trazado por estos pastizales de fuerte pendiente, que habitan pajarillos como la collalba gris –de característica cola blanca y negra– o el colirrojo tizón.

Cuando el camino se suaviza es señal de que ya estamos llegando al lago de Catchet (2.225 m), rodeado por un impresionante marco de agrestes montañas con relieve de circo de origen glaciar. Sus aguas plácidas, limpias y verdosas merecen esta excursión.

Desde el lago, bajo la peña de Abeillere (2.359 m) hay unas pequeñas cavidades. Llegar hasta ellas, poniendo cuidado, nos proporcionará una panorámica distinta, más aérea, de este retirado lugar. Al sur, cerrando el paisaje escénico, el pico de Garlitz (2.798 m) aparece como uno de los más altos en estos contornos. Silencio y sosiego son algunos de los adjetivos que definen este rincón poco conocido pero, sin embargo, muy accesible de los Pirineos Centrales.

36 LAGOS DE ANGLIOS

Los lagos de Anglios, Llauset y Botornás nos ofrecen una excursión circular por los ambientes más representativos de la alta montaña del sector central de los Pirineos: lagos, rocas de granito y nieve se unen en un solo abrazo, con las cumbres de Ballibierna como remate.

Los lagos de Llauset, Anglios o Botornás descansan sus frías aguas al pie de relieves tan imponentes como los picos Russell, Ballibierna, o Mulleres.

ACCESOS:
Por las carreteras N-240 y N-123 hasta Benavarri. Desde allí, por la N-230. Antes del túnel de Vielha se toma el desvío a la presa de Llauset.

Entorno a estos humedales de alta montaña se puede realizar un sencillo circuito senderista con principio y fin en el mismo lugar: la presa y túnel del embalse de Llauset, un lugar elevado al que se llega en coche a través de una carretera de doce kilómetros desde el pueblo de Aneto.

Empezamos a caminar por la margen orográfica izquierda del valle, es decir, por las herbosas laderas de los picos de la Solana de Llauset. Gencianas, regalices alpinos, nomeolvides y otras plantas en flor alegran con su colorido estos pastizales.

Todo el camino sigue el trazado del sendero GR-11. En la cola del lago de Llauset será preciso girar en dirección norte, realizar diversas lazadas y pasar a la izquierda del refugio libre

TRADICIONES Correr al límite

Los límites de la Ribagorza y de Val d'Aran estaban antaño en disputa. Fue entonces cuando en Senet y en Vielha decidieron, mediante una carrera, establecer la muga. El aranés estuvo más vivo y hoy el valle de Mulleres forma parte de Val d'Aran.

Edad:	9-14
Tiempo:	3 h / 4 h
Desnivel:	550 m
Mapa:	Val d'Aran. 1:50.000. Ed. Sua

y el ibón o estany de Botornás. Al llegar a una bifurcación de caminos optaremos por el que aparece a la derecha. Las marcas rojas y blancas nos deben llevar en dirección noreste hasta las aguas oscuras del estany del Cap o Superior de Llauset (2.445 m), que se bordea caminando por su orilla sur. Al norte de este último lago, al otro lado de estas montañas, cruzando un collado, encontraríamos los ibones o estanys de Cap de la Vall, Negre y de Salenques.

Desde el collado Riunero (2.521 m) se comienza a descender hacia los pequeños lagos de Cap d'Anglios (2.345 m) y, más adelante, a los estanys de Anglios (2.250 m). Al otro lado hay una cabaña de la compañía hidroeléctrica.

Pasando entre los dos lagos principales, en otra nueva bifurcación habrá que elegir a la derecha para afrontar la subida al cuello de Anglios (2.429 m) y descender a la presa de Llauset (2.190 m), donde finalizamos.

37 PEÑA MONTAÑESA

El sol acaricia los encinares y quejigales del piedemonte meridional de la Peña Montañesa, desde donde podremos efectuar un recorrido fácil con bonitas vistas y, además, identificar numerosas aves rapaces que viven en estos farallones de roca caliza.

ACCESOS:
POR LA CARRETERA A-138 QUE LLEVA A L'AÍNSA. DESDE ALLÍ, DESVIARSE HACIA EL PUEYO DE ARAGUÁS, LOS MOLINOS Y SAN VICTORIÁN. HAY QUE APARCAR EN LA PRADERA DE TORRELISA.

Al pie del espinazo calizo de la Peña Montañesa, se despliega el territorio que se ha dado en llamar "Bajo Peñas", paraje donde en familia se puede caminar por un agradable sendero que ha sido señalizado y que parte desde el cruce carretero que hay en Torrelisa. Este itinerario interpretado, conocido como "El mirador de las rapaces", arranca hacia el norte en el ancho camino que hay junto a la fuente y el merendero de la Pradera de Torrelisa (890 m), donde un gran cartel de la Fundación para la Conservación del Quebrantahuesos nos muestra la silueta de algunas aves de presa fáciles de ver en la zona.

A partir de aquí, y ya caminando, los mojones o hitos de piedra nos ayudarán también para encontrar el buen discurrir en algunos de los tramos peor indicados y más confusos. Al principio, pasada otra fuente con depósito de agua, habrá que estar atento para desviarse a mano derecha

NATURALEZA El quebrantahuesos

De todas las aves de presa que pueden verse en la zona (milanos, buitres, ratoneros, alimoches...), el quebrantahuesos, con su pecho naranja y sus alas negras, es el más grande de todos.Con las alas desplegadas, puede llegar hasta los tres metros.

del camino más amplio –que es por donde discurre el regreso–, tomando una senda antigua que cruza un barranco y se adentra entre campos abandonados bien delimitados por altos muros de piedra.

EDAD: 0-5
TIEMPO: 2 h 15 min
DESNIVEL: 200 m
MAPA: Cotiella. 1:25.000. Ed. Alpina

En la suave subida hacia Oncíns encontraremos varias paradas numeradas: la 2 nos detiene para observar los muros de piedra; la 3 nos invita a descubrir los revolcaderos de jabalí; la 4 es un mirador natural a las sierras bajas del Sobrarbe; la 5 nos hará comprender la dura tarea de levantar bancales; y la 6, ya en Oncíns, junto a una ermita románica, nos invita a beber de una de las fuentes que manan en la cara sur de la Peña. Desde Oncíns (1.073 m), partimos en dirección oeste. Llegará un momento en que el sendero gira bruscamente dejando otras alternativas para perder altura en dirección sur, entre las encinas y los quejigos de los campos Lacruz.

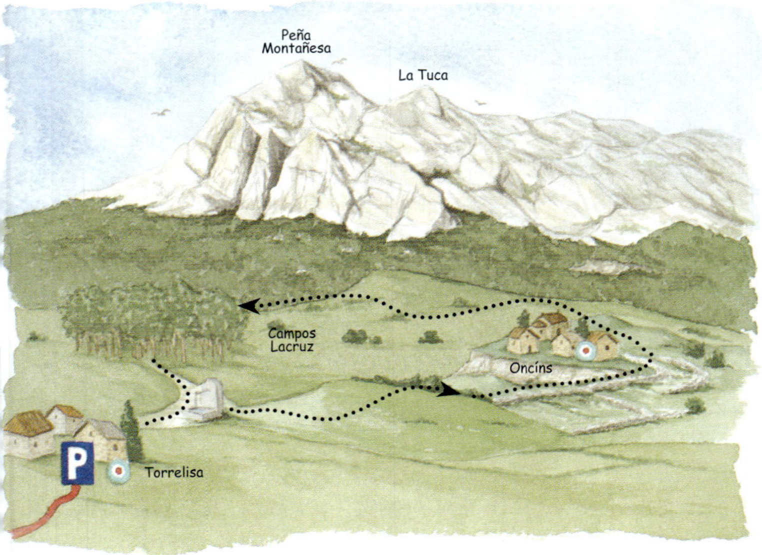

38 PEÑA OROEL

La Peña Oroel, situada al sur de la ciudad de Jaca, es una atalaya perfecta y de fácil acceso. Desde allí podemos admirar, con una cierta distancia y perspectiva, la sinfonía de picos nevados, valles y rincones que conforman la comarca histórica de la Jacetania.

ACCESOS:
DESDE JACA, POR LA CARRETERA A-1205 AL PUERTO DE OROEL, Y ANTES DE LLEGAR, DESVIARSE A LA IZQUIERDA AL MIRADOR DE OROEL.

La ciudad de Jaca quedará a nuestros pies, desparramada por las llanas depresiones intermedias de los Pirineos. Y, al frente, a una cierta distancia que facilita la vista panorámica de este a oeste, quedará el lomo nevado de los Altos Pirineos centrales: desde las altas cimas calizas de Navarra hasta los confines del Sobrarbe en el otro extremo.

El itinerario propuesto parte al sur del antiguo parador del Mirador de Oroel, resultando cómodo y agradable de recorrer bajo la umbría del pinar de silvestre, por donde la senda comienza serpentear ganando altura. El camino realiza las llamadas treinta y tres curvas de El Muerto.

Una vez rebasado el tramo final del bosque, en el collado de El Portillo que mira a la vertiente sur, se alcanza un cruce de caminos (1.650 m). A la derecha –nuestra senda– se llegará por la divisoria más alta hasta la Cruz de Peña Oroel (1.769 m). Un precipicio de roca conglomerada, de 500 m de altura,

PAISAJE Una proa panorámica

Un atractivo durante el ascenso es resaltar el aspecto de proa de barco que tiene Oroel. Además, desde la cumbre se ve un gran fragmento de Pirineos, lo que da para una buena explicación de geografía sobre donde su ubican bosques, ríos y pueblos.

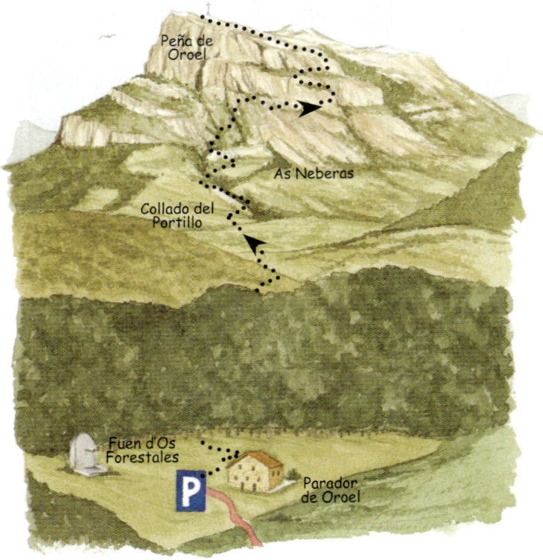

EDAD: 9-14

TIEMPO: 2 h

DESNIVEL: 600 m

MAPA: Canfranc. 1:35.000.
Ed. Sua

eurosiberianos con los de tipo mediterráneo.

Los bosques de pino silvestre, abeto y pino negro de la Peña Oroel acogen a senderistas que gustan del color de las flores, del sonido de los pájaros, del olor de la hojarasca y del sabor de los frutos silvestres. Y por encima del arbolado, las praderas que tapizan la cresta final se acompañan de bojes y matas de erizón, un espinoso arbusto de aspecto almohadillado que tiñe la montaña de color amarillo cuando florece en el mes de julio.

En lo alto de la Peña Oroel será posible deleitarse con los planeos de los buitre que nidifican en las cuevas. Con suerte, también algún quebrantahuesos.

cae hacia los bosques de la cara norte o "pacos". Y es que en el Alto Aragón no todos los caminos han de conducirnos a ibones fríos, cumbres y valles con características de alta montaña. La Peña Oroel es una muestra de esas otras elevaciones y sierras de menor talla que, desplazadas al sur del eje central de los Pirineos, tienen casi tanto poder de atracción como un tresmil. Es en estas sierras exteriores donde el caminante observará en la vegetación el encuentro de dos climas o ambientes diferentes: los bosques húmedos o

39 REFUGIO OULETTES

Desde el aparcamiento de Pont d'Espagne nos podemos aproximar al pie de la cara norte del Vignemale. Allí nos esperan los lagos, los hielos glaciares y la visión de unas paredes verticales de roca que han protagonizado algunas de las escaladas más meritorias de los Pirineos.

ACCESOS:
Desde el valle de Tena se pasa el puerto del Portalet, hasta llegar a Laruns y después Argeles-Gazost. A partir de allí la carretera D-920 nos lleva a Cauterets y el aparcamiento de Pont d'Espagne.

Emprendemos la caminata desde el aparcamiento por una pista ancha y transitada que gana altura. Enseguida hallaremos un desvío a la izquierda que, por senda serpenteante, se dirige hacia el lago de Gaube en aproximadamente una hora y cuarto de ascensión bajo la sombra del bosque. Dominan los abetos, apareciendo otras especies como el pino silvestre y el saúco rojo que otorgan a la masa forestal un denso aspecto de selva pirenaica. Conforme ganamos altura, estas especies dan paso al pino negro y su característico sotobosque de rododendros y arándanos.

En el lago de Gaube (1.725 m), atravesamos el arroyo de desagüe y, dejando a nuestras espaldas el edificio del hotel, proseguimos por su orilla occidental en dirección sur. Las señales del GR-10 nos marcan el trayecto bajo los canchales de piedra de la Crete des Counilleres, donde entre abedules, pinos negros y prados es posible ver corretear a los rebecos y también a las marmotas. Inmersos en un paisaje que se asemeja mucho al canadiense, se atraviesa un pequeño puente que hay junto a una modesta cascada de agua.

Cambiando a la vertiente derecha del valle, se va ganando paulatinamente altura hasta llegar a la cabaña-pluviómetro de Pinet (1.917 m). Enebros enanos de porte rastrero y rocas graníticas cubren el suelo de las inmediaciones. Continuando suavemente por el valle de Oulettes o de Gaube, pasamos junto a la cascada de Esplumouse y bajo los picos de Peyrot, a nuestra derecha, y de Estibe Aute, a la izquierda.

Otro puente nos obliga de nuevo a cambiar de vertiente. A partir de la cascada Darré Esplumouse, se accede a una zona de meandros y de turberas que cuenta con una vegetación propia de estos singulares ecosistemas semiencharcados, como la hierba algodonera de característicos penachos blancos colgantes.

La llegada al refugio Oulettes de Gaube (2.151 m) permite obtener una de las más maravillosas panorámicas de la montaña del Vignemale: su cara norte donde cuelgan los vestigios gélidos y de las masas glaciares de Oulettes y de Petit Vignemale. Es la faz azul del hielo agrietado, del serac indómito. Y allí, en medio, surcando la pared roja y gris, veremos el famoso del Couloir de Gaube, corredor de hielo que sólo los más entrenados escaladores son capaces de superar.

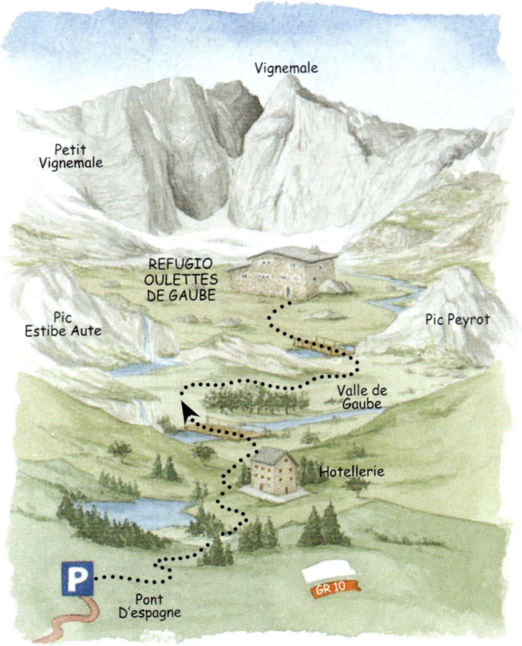

Edad: 9-14
Tiempo: 3 h
Desnivel: 650 m
Mapa: Vignemale. 1:25.000. I.G.N.

40 SAN JUAN DE LA PEÑA

Los bosques y paredes naturales del entorno del monasterio de San Juan de la Peña guardan la historia de los primeros reyes de Aragón. Estos montes son lugares de leyenda que sobrevuelan aves rapaces como el buitre leonado o el quebrantahuesos.

ACCESOS:
POR LA CARRETERA N-330 HASTA JACA, LUEGO LA N-240, Y ANTES DE PUENTE LA REINA DESVÍO A SAN JUAN DE LA PEÑA.

Naturaleza, arte e historia se unen armoniosamente en estas montañas que podemos conocer a través de un sendero que discurre por el borde superior de los acantilados más meridionales de la sierra de San Juan de la Peña.

En esta excursión que lleva a la ermita del Tozal de San Salvador desde el monasterio alto hay una espectacular caída a pico, lo que proporciona grandes panorámicas que se acompañan de la constante observación de aves rapaces. Los buitres leonados realizan confiados planeos por encima y por debajo de los excursionistas, y además existen grandes posibilidades de observar el vuelo veloz del halcón, la silueta blanca del alimoche, o la amenazada figura del quebrantahuesos.

Desde la explanada del Monasterio Alto de San Juan de Peña, poco antes de la bajada por carretera hacia el monasterio viejo o Bajo, nace a mano izquierda una pista asfaltada cerrada al tráfico que conduce a un repetidor de telefonía.

PATRIMONIO Un monasterio de leyenda

San Juan de la Peña resulta especialmente atractivo para los más jóvenes por el recorrido que se realiza en el abrigo rocoso. En los capiteles del claustro hay divertidas imágenes del Génesis. También la leyenda del Santo Grial –la copa en la que Cristo bebió en la Última Cena– que pasó por allí, puede ser estimulante para ellos.

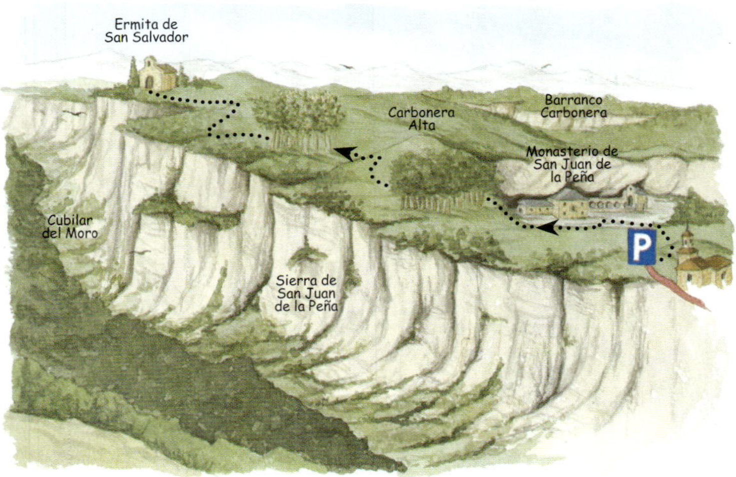

Se trata de unos cinco kilómetros de recorrido. A los 15 minutos, un sendero a mano izquierda invita a asomarse por vez primera a lo alto de los escarpes. Junto a una línea eléctrica, la senda lleva hasta el repetidor telefónico (1.420 m). A partir de aquí la senda no tiene pérdida.

A partir de ahora se requiere precaución para no resbalar. Junto a las abundantes almohadillas del erizón aparecen altivos abetos, algunos pinos silvestres, hayas y escasos ejemplares de tejo. En ocasiones la senda se aleja del borde de los acantilados, pero siempre conduce a lo alto del tozal de San Salvador (1.546 m), donde se emplaza la ermita del mismo nombre, desde donde se obtiene una sorprendente visión de los Pirineos, de las sierras prepirenaicas o exteriores y de la Depresión Media de la Canal de Berdún. Desde la ermita, siguiendo la línea de cresta en dirección oeste, es posible asomarse todavía al último saliente, la Punta Atalaya, en el confín más occidental de la sierra de San Juan de la Peña.

EDAD: 9-14
TIEMPO: 2 h
DESNIVEL: 350 m
MAPA: Canfranc. 1:35.000.
Ed. Sua

41 VALLE DE ASPE

Suspendido entre verticales paredes, el Chemin de la Mâture es un estrecho camino que fue mandado construir a pico y pala en el siglo XVII por un ministro del rey Luis XIV. Por allí pasa el GR-10. Estamos en el valle de Aspe, en la vertiente norte de los Pirineos.

El valle de Aspe posee bellos caminos donde perderse a pie. Uno de los recorridos más apetecibles quizá sea el llamado Chemin de la Mâture, donde el disfrute de la naturaleza se mezcla con la historia.

Hay quien dice que los mil doscientos metros de recorrido más expuestos del Chemin de la Mâture constituyen uno de los tramos más peligrosos de este sendero transpirenaico, ya que en algunos puntos la senda no tiene más de tres o cuatro metros de anchura. No es peligroso, pero hay que evitar descuidos, muy especialmente entre los más pequeños de la familia. Por debajo del senderista hay cerca de 200 m de caída. Al otro lado, en la esquina del valle principal veremos el recinto defensivo del Fuerte de Portalet.

El camino comienza en la carretera principal del valle, en el puente de Cebers (637 m). Su trazado está bien indicado. Y decimos que aquí hay historia porque el Chemin de la Mâture es un camino artificial que no existía antes del siglo XVII. Fue en el año 1667 cuando un tal Corbet, ministro de Luis XVI, decidió tallar este paso a golpe de pico para permitir el paso de los grandes troncos de árboles. Había que aprovechar los bosques de la parte alta del valle bearnés con el fin de hacerlos llegar a la villa de Etsaut. Desde allí la madera serviría para la construcción de buques de la Marina Real. A partir de Etsaut, las aguas de la Gave d'Oloron llevarían los troncos más robustos y de mejor calidad hasta el Puerto de Baiona.

ACCESOS:
POR SOMPORT HASTA EL VALLE DE ASPE. LA N-134 LLEVA A ETSAUT. ENTRE URDOS Y ESTA VILLA SE ENCUENTRA EL PUENTE DE CEBERS.

EDAD: **0-5**

TIEMPO: **1-2** h

DESNIVEL: **500** m

MAPA: **Ossau, Vallée d'Aspe. 1:25.000.** I.G.N.

El sendero es sencillo y sin peligro, aunque impregnado de la sensación de aventura y de riesgo que tienen las verticales paredes propias de montañas agrestes. Los abetos y hayas del bosque de Pacq se cortaron entre los años 1766 y 1780. Y hoy el camino, lejos de tener utilidad, es empleado por cientos de amantes de la naturaleza pirenaica que se asoman a este estrecho pasillo llamado Las Gorges d'Enfer, labrado por las aguas en deshielo del torrente Sescoué o de la Baigt de Saint-Cours, que está equipado para escalada.

Una vez pasado el camino excavado en la roca se llega a la Granja Perry y entramos en el bosque (1.100 m).

Si siguiéramos andando un poco más llegaríamos al collado y los lagos de Ayous, atravesando al vecino valle de Ossau. Por eso al llegar a los bosques todo indica que es el momento de dar media vuelta y volver al vehículo por donde vinimos.

42 VALLE DE OTAL

En la región del Alto Ara, Otal es un valle secundario de Bujaruelo. Tiene forma de U, propia de los valles que fueron moldeados por los hielos de los glaciares. Situado al pie de la Sierra de Tendeñera, es un buen lugar para observar grupos de marmotas.

ACCESOS:
DESDE SABIÑÁNIGO, DESVIARSE HACIA ORDESA POR LA N-260. EN TORLA, HACIA EL VALLE DE BUJARUELO. PISTA DE TIERRA DESDE EL PUENTE DE LOS NAVARROS HASTA SAN NICOLÁS.

El valle de Otal lo esculpieron los hielos glaciares del Cuaternario. Ahora es un agradable valle lateral, situado a mitad de camino entre las cumbres de la sierra de Tendeñera y el viejo puente medieval de Bujaruelo.

Es un paraje que sólo un siglo atrás quedó a desmano de los trasiegos peregrinos y comerciales que atravesaban la cordillera por el collado de Gavarnie desde el valle de Luz. Para muchas personas es un valle apacible y uno de los mejores sitios en los que observar grupos familiares de marmotas.

La ruta parte de la pradera de San Nicolás de Bujaruelo (1.340 m), donde hay una zona de acampada y los restos de una iglesia románica, además del puente ya mencionado. Primero, caminando por una pista, cerrada con una cadena al paso de vehículos no autorizados, nos internaremos en los bosques del alto valle del Ara.

NATURALEZA Marmotas

Las marmotas son unos rechonchos roedores con aspecto de castor o de osito de peluche que corren, se asoman y silban desde las praderas y las rocas. Son fáciles de ver a pleno día. Muy cerca encontraremos algunas de las entradas a sus madrigueras.

Edad: 5-9

Tiempo: 1 h 30 min

Desnivel: 300 m

Mapa: Ordesa, Gavarnie. 1:35.000. Ed. Sua

El amplio camino discurre bajo las laderas nororientales de la Punta Turbón, y junto a nuestro paso se van sucediendo prados ocupados por vacas, arboladas riberas acariciadas por el río, y mixtos bosquetes.

Metros antes de alcanzar el puente de Oncíns, a la altura de una fuente, hay que tomar el desvío de la pista que se separa a mano izquierda. Poco a poco, mediante diversas lazadas, se gana altura y se llega a la entrada del valle de Otal. Las marmotas, alertadas por nuestra silueta en el horizonte, darán el corto y penetrante silbido de alarma, lo que nos permitirá localizarlas y observarlas a cierta distancia.

El punto y final de ida de esta ruta es el refugio de pastores de la Ribereta de Otal (1.625 m), resguardo libre, en estado precario. Los picos de Otal y de Tendeñera se alzan al sur del valle. Y en las laderas más altas crecen los pinos negros, al abrigo de la fría umbría que evoca esos tiempos en que los hielos cubrieron los valles pirenaicos.

Para afrontar el regreso, la pista descrita para el camino de ida puede ser evitada en tramos, tomando una senda que acorta algunos de ellos.

43 VALLE DE RECLUSA

El silencio y sosiego de los bosques de hayas del valle de la Reclusa han acogido tradicionalmente al oso pardo. La tranquilidad de estos parajes sólo queda rota por el sonido de las aguas del deshielo, la voz del viento y el canto de los pájaros.

Como su nombre indica, es el valle recluido o escondido. La Reclusa es el refugio del silencio, del sentir de la montaña, de la fauna más esquiva como el muy escaso oso pardo. Dicen que durante la Edad Media aquí los cazaban algunos reyes aragoneses, entre ellos Ramiro II el Monje, muerto durante una montería en el siglo XII.

ACCESOS:
POR LA CARRETERA A-176 HASTA ECHO. DESPUÉS DE SIRESA, EN DIRECCIÓN SELVA DE OZA, A 1 KM APROXIMADAMANTE, TOMAMOS UNA PISTA A LA IZQUIERDA QUE CONDUCE AL VALLE DE LA RECLUSA (UNOS 10 KM).

Una pista de tierra, que nace poco más arriba del pueblo de Siresa, se adentra a mano izquierda por encima del pueblo y a través del barranco del río Hospital. Prados de siega, discretas bordas, robles, pinos silvestres, bojes y sobre todo hayas componen el paisaje vegetal que en otoño cambia su aspecto con la caída de la hoja.

ATRACTIVOS DE LA RUTA

El escondido valle de la Reclusa ha sido refugio habitual del oso pardo. En el follaje húmedo de su silencioso bosque podemos entreternos buscando sapos y salamandras y también identificando algunas bonitas flores pirenaicas como el gordolobo, la alcachofa silvestre, la campánula o la bardana, conocida por los niños por la facilidad de sus "pelotas" en adherirse al pelo.

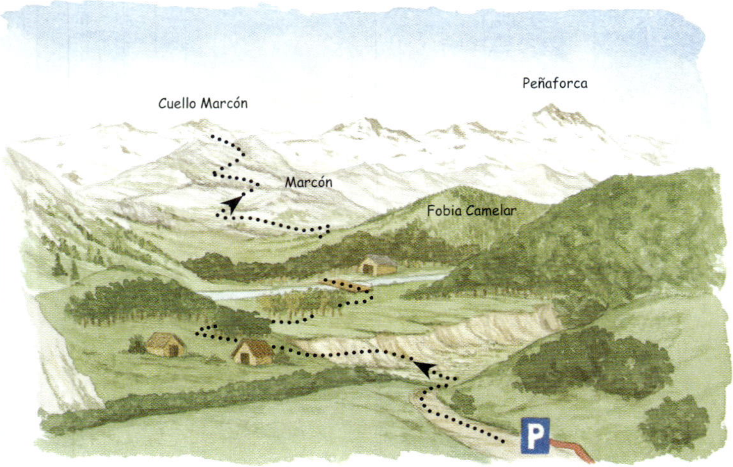

A los cinco kilómetros de camino –junto a la borda de Ferrero– la pista cruza el río a la altura de un puente, y a los cerca de diez kilómetros de recorrido rodado se acaba su trazado, allí donde el estado de la vía hace imposible el tránsito. Los bosques próximos son conocidos como La Selva del Hospital. Antes de empezar a caminar es preciso coger agua en la fuente, y ya entonces seguir ascendiendo por el camino.

El collado Marcón (1.750 m) es nuestro destino final. El itinerario posee fuertes rampas que en ocasiones se salvan realizando retorcidas revueltas. Las vacas y las ovejas frecuentan los frescos y altos pastos de Fobia Camelar y Marcón, praderas con enebros rodeadas de grises relieves calizos.

Los pastores ascienden a estos pastos andando, para subir la sal y cuidar del ganado que se alimenta en verano cerca del collado que, en la otra vertiente, se asoma al alto valle de Ansó.

EDAD: **9-14**
TIEMPO: **2** h **15** min
DESNIVEL: **500** m
MAPA: **Belagua, Ansó, Echo. 1:35.000.** Ed. Sua

PIRINEO ORIENTAL

PERPINYÀ
51
MONTLLUÍS
47
EL VOLÓ
61
45
ROSES
46
RIPOLL
FIGUERES
59
57
OLOT

44 AIGÜESTORTES

A lo largo de tres días podremos descubrir la dinámica propia de los refugios: sus guardas, horarios, cenas, paisajes, la camaradería... en definitiva, una forma de vida que quien la cata repite, y que es uno más de los alicientes de la montaña.

La **primera jornada** empieza desde el puente de Ressèc, donde se toma la pista que se adentra al valle dejando, al cabo de poco, la pista de Loseron a la izquierda. Cuando se termina la pista un cartel indica la ruta del refugio de la Restanca. El camino asciende zigzagueando a través de un bosque de abetos. Es aconsejable seguir siempre la ruta más larga.

ACCESOS:
Como el itinerario no es circular, tendremos que utilizar dos coches. Dejaremos un vehículo en el puente de Ressèc y otro en el puente de los Banhs, en el valle de Aiguamòg.

Poco a poco el camino toma la vertiente este del contrafuerte que se intenta superar. Se divisa la presa que forma el lago de la Restanca, por la que nos dirigimos hasta el refugio: una antigua construcción de una empresa hidroeléctrica.

La **segunda jornada** arranca desde el refugio de la Restanca y asciende en dirección este hasta el lago del Cap deth Pòrt. Llegados al lago, se acaba el bosque y al fondo se divisa el collado de Oelhacrestada. Pasado el puerto, dejando a nuestra

ATRACTIVOS DE LA TRAVESÍA **Vida en los refugios**

La vida en los refugios a lo largo de tres jornadas, pernoctando, viviendo la dinámica propia de estas instalaciones, es un gran aliciente para los más jóvenes de la casa.

izquierda la imponente mole del Montardo, se desciende siguiendo los hitos que marcan la ruta. Al llegar al cruce del puerto de Caldes se continúa a la derecha descendiendo por los lagos de Clot y Travessani. Pasado este último, al cabo de quince minutos llegamos al refugio Joan Ventosa i Calvell, que pertenece al Centre Excursionista de Catalunya.

EDAD: **9-14**
TIEMPO: **10** h (3 etapas)
DESNIVEL: **1.420** m (3 etapas)
MAPA: **Val d'Aran. 1:35.000.** Ed. Sua

De nuevo en el cruce del puerto de Caldes empezamos la **tercera jornada**. Se toma la senda que asciende en dirección este. Hay que prestar atención en no perder la ruta, ya que debemos superar una zona laberíntica de grandes bloques graníticos, muy fácil.

Superado el puerto de Caldes, el camino desciende en clara dirección este hasta el marcado valle que nos permite llegar, sin pérdida, hasta el refugio de Colomèrs. Una senda nos guía hasta la pista del collado de Prüedo donde un servicio de taxis nos traslada hasta el puente de los Banhs.

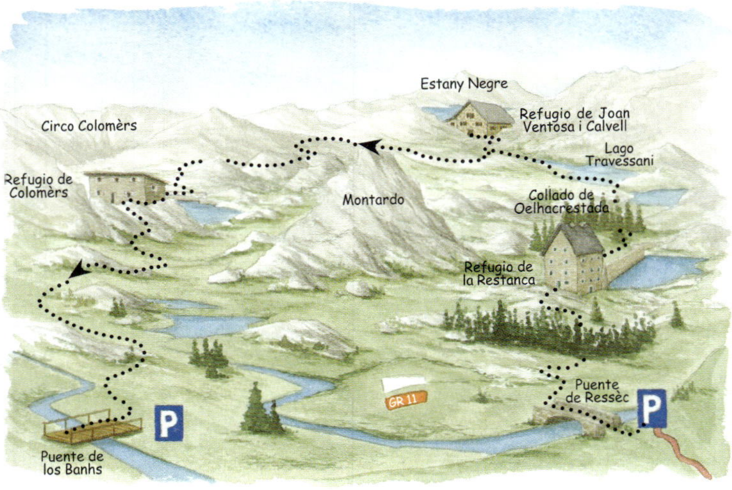

45 BASTIMENTS

El macizo del Puigmal ha sido la cuna de muchos alpinistas catalanes. Su facilidad de acceso, gracias al tren, y su nada despreciable altitud, más de 2.900 m, ha permitido a muchos alpinistas dar sus primeros golpes de piolet en esta montaña.

ACCESOS:
DESDE SETCASES HASTA VALLTER-2000. UN KILÓMETRO ANTES DE LLEGAR A LA ESTACIÓN NACE EL CAMINO DE ACCESO AL REFUGIO.

Desde la carretera de la estación de esquí de Vallter-2000 se toma el camino que nace en dirección oeste, ganando altitud en medio de un bosque de pino. Pronto se cruza el río Ter, que todavía se muestra juvenil, y el camino, en zigzag, permite acceder al refugio de Ulldeter, propiedad del Centre Excursionista de Catalunya (CEC).

Se sale del refugio en dirección oeste. El camino, bastante transitado, supera una loma cubierta de prado alpino. Pronto, al fondo, se divisa el collado de la Marrana, nombre proveniente de una antigua leyenda de la comarca. A la derecha quedan las pistas de esquí que, en algún punto, han transformado el paisaje eliminando la fina capa de vegetación alpina. Continuamos ascendiendo hasta situarnos debajo del collado. El camino se divide. Ya sea por el más pronunciado, que gana altitud con cortos y constantes zigzags, o por el más suave, situado más a la izquierda, superamos el collado de la Marrana.

Desde el collado se gira en dirección norte hacia la mole del Basti-

NATURALEZA El nacimiento de un río

Siempre es un aliciente ver el nacimiento de un río, en este caso el Ter. De ahí el nombre del emplazamiento. Ulldeter significa ojo del Ter. En la zona no es raro avistar la rara y hermosa perdiz nival, aunque hay que recordar que es muy huidiza.

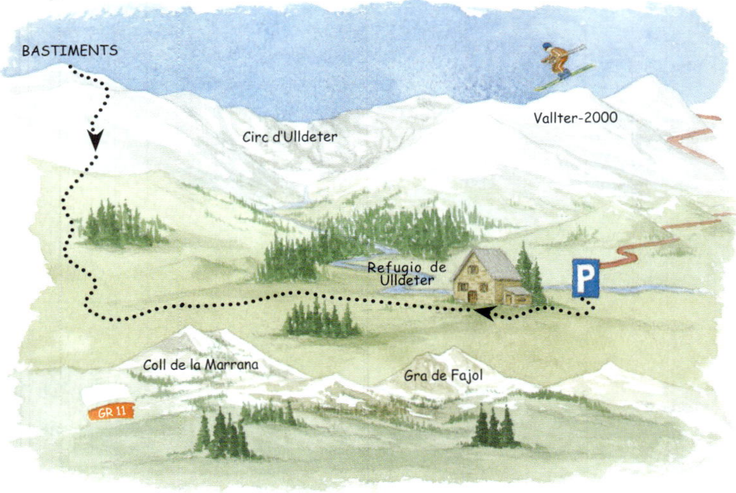

ments. Primero por la cresta herbosa y después por alguno de los múltiples caminos, se va ganando altitud progresivamente. A medida que se asciende, el camino pierde el manto vegetal y va dejando paso a tramos más arenosos que dificultarán algo la ruta.

Se gana finalmente la cresta cimera donde, al oeste, se consigue llegar a la cima del Bastiments (2.881 m), en aproximadamente 2 h 45 min.

Se regresa por el mismo camino. Hay que tener en cuenta que si se accede al Bastiments a finales de primavera o principios de verano, todavía podemos encontrar algún ventisquero helado. En ese caso, sólo ir con chavales avezados a las caminatas en nieve y, aun así, es conveniente marchar con muchísimo cuidado.

EDAD: **5-9**
TIEMPO: **3** h **30** min (subida)
DESNIVEL: **800** m
MAPA: **Puigmal-Vall de Núria. 1:25.000.** Ed. Alpina

El regreso se realiza por el mismo camino. Podemos aprovechar para visitar el emplazamiento de las ruinas del histórico refugio primitivo de Ulldeter, situado en una cota más alta que el actual.

46 CAP DE NORFEU

Cuando los Pirineos hunden los pies en el Mediterráneo lo hacen con miedo. Primero un dedo, después otro, como hacemos al entrar en las aguas heladas para, después, atrevernos a bañar plácidamente. Norfeu, en el Cap de Creus, es uno de esos dedos de los Pirineos.

ACCESOS:
DESDE ROSES TOMAR LA CARRETERA DE MONTJOI. CONTINUAR POR LA PISTA DE TIERRA HASTA EL CRUCE DE LA CALA DEL CANADELL.

Desde el cruce de pistas de la bahía de Jóncols y la cala del Canadell se inicia la excursión por el GR-92, tal como indica una señal situada en ese punto. El camino pronto transita entre estepa y carrasca. Al entrar en una zona de mata se deja a la derecha el camino de Roses. Continuamos siempre ascendiendo por la senda más marcada hasta un paso angosto entre piedras. Al pasar este corto tramo, llegamos a la torre de vigilancia de Norfeu. De estructura circular, fue construida a finales del siglo XVI para defender la costa de las incursiones piratas, a los que avistaba con gran antelación.

Continuamos en dirección este por el camino que se mantiene, en todo momento, por la cresta de la península hasta ganar el mirador de la punta de Norfeu. A nuestros pies observamos el pequeño islote erguido del Cavall Bernat. Se continúa en dirección norte, paralelos a la línea de costa. Pronto se llega a un cruce característico por una tosca barraca de pastor. A la derecha llegaremos a la Trona, un cabo llamado así

NATURALEZA La tramontana

Los vientos que azotan la costa del Cap de Creus, especialmente el viento norte conocido como "tramontana", han labrado un paisaje agreste. Con suerte, en un día de vientos de poca intensidad, podremos volar una cometa junto a las gaviotas.

por su aspecto de asiento desde el que se divisa una bella vista de la bahía de Jóncols. De nuevo en el cruce, se continúa por el camino más marcado hasta superar una pequeña cresta y dirigirse hacia unos pinos resguardados del viento. El sendero llega al cruce de la cueva de las Encantades a la que, opcionalmente, se puede ascender.

EDAD: **0-5**
TIEMPO: **2 h 30 min**
DESNIVEL: **130 m**
MAPA: **Cap de Creus. 1:25.000.** Ed. Sua

Al cabo de cinco minutos se pasa frente a la cueva de Les Ermites, que estuvo ocupada por ermitaños durante la Alta Edad Media. Una ancha pista permite regresar al punto de inicio.

47 CERET

El clima del Vallespir permite el cultivo de gran diversidad de frutales y demás productos de la tierra que harán las delicias de nuestros sentidos. La ruta escogida es un recorrido por el jardín del Edén que es Ceret y su entorno, aunque también topemos con la obra del diablo.

ACCESOS:
DESDE EL VOLÓ, DONDE SE LLEGA POR LA CARRETERA N-II O LA AUTOPISTA A-7, POR LA CARRETERA D-115 HASTA CERET. TAMBIÉN SE PUEDE ACCEDER POR EL COLL D'ARES DESDE CAMPRODON.

Ya sea en primavera, con los árboles frutales en flor; en verano, con el trigo espigado; o en otoño, con la uva madura, siempre es tiempo para que los sentidos olvidados puedan recuperarse gracias a un paseo alrededor de Ceret.

Desde la céntrica plaza de los Til·lers de la localidad se inicia el paseo por la calle Evadés de France. Pronto llegamos al cruce de la calle Edmond Brazès, por donde empieza el ascenso. A partir de este punto unas marcas amarillas pintadas nos guiarán a lo largo de toda la ruta.

Al final de la calle el camino se adentra en los campos de cerezos siguiendo paralelo a una bella pared de piedra. El sendero, que en algún tramo todavía está enlosado, transita a través de un encinar ganando altitud de forma progresiva. Se sale al collado de Bousells, don-

ATRACTIVOS DE LA RUTA

Un paseo por el Vallespir es una excursión botánica entre árboles frutales ideal para aprender qué aspecto tienen en verano el cerezo (un árbol muy característico de esta zona) o el manzano y también para visitar el hermoso puente que dice la leyenda que construyó el diablo para vadear el río Tec.

de se toma la carretera a la izquierda y se continúa a la derecha por una pista asfaltada. El camino, enmarcado entre zarzas y manzanos, permite llegar al pequeño núcleo de Ventous en 1 h 15 min. Torcemos a la derecha por una pista que se dirige hacia una pequeña loma. Rodeamos la colina por su derecha con una buena vista sobre Ceret. Desde este punto uno puede entender qué fue lo que atrajo a tantos pintores y escultores a trabajar su obra en este paisaje. Ya sea Pau Gargallo, Pablo Picasso, Georges Braque o Juan Gris, no es de extrañar que quedaran prendados por el carnaval de colores que es el Vallespir.

Primero por una pista y después por una estrecha senda, que puede conllevar algunas dificultades, se inicia el descenso. Entre viñedos, pronto se llega a las primeras casas de Ceret. Se cruza un pequeño canal, se desciende por una corta escalera y se continúa hasta llegar al torrente. Por un puente de nueva urbanización nos adentramos de nuevo en Ceret.

EDAD: **0-5**
TIEMPO: **2** h **30** min
DESNIVEL: **130** m
MAPA: **Roussillon. 1:50.000.**
Ed. Rando

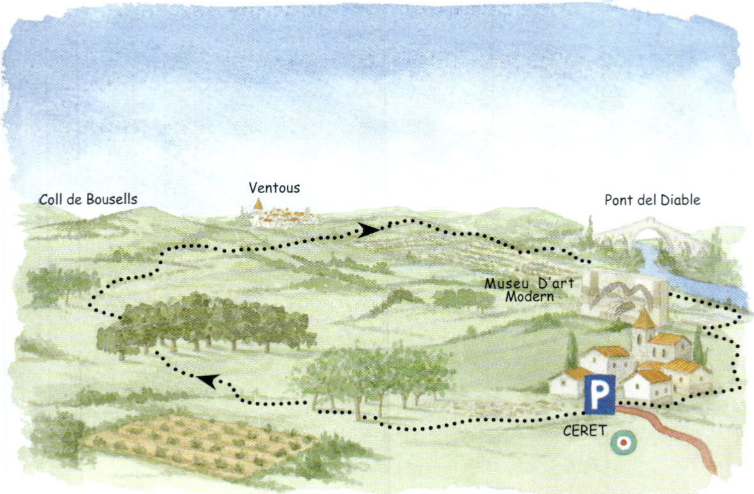

48 CIRCO DE PESSONS

Dicen las tradiciones que los lagos de los Pirineos nacieron de las lágrimas que derramó Hércules al encontrar muerta a su amada Pirene, o de la pereza de Dios por organizar aquellas aguas el tercer día. Sea una u otra, los lagos de Pessons parecen tocados por manos de artista.

ACCESOS:
Una vez llegados a la andorrana estación de esquí de Grau Roig, dejaremos el vehículo en la ribera izquierda del río Valira para ir a buscar el telesilla del Cubil.

Desde la estación de esquí de Grau Roig se pasa por debajo del telesilla del Cubil y se toma una pista que asciende, en dirección oeste. Al llegar al lago Primer, donde está ubicado el restaurante, enlazamos con el sendero GR-7 en dirección el collado de los Pessons. El camino nace a la izquierda del refugio. Todavía en la ribera del lago, desvío a la derecha hacia Pessons por el GR dejando, a la izquierda, el camino de Montmalús.

La senda va ganando altitud entre roquedales y algún pino negro. No perder nunca las señales blancas y rojas del GR. Se pasa por la ribera izquierda del lago Rodó por un intrincado laberinto de piedras.

Llegamos al lago de Meligar cuando ya llevamos una hora caminando. Nos desviamos del GR y tomamos a la derecha, en dirección oeste, un pequeño camino que se dirige hacia un collado y asciende hasta la cresta. En la vertiente contraria divisamos, a nuestros pies,

NATURALEZA Tritones y marmotas

En las aguas menos profundas y más tranquilas de los lagos podemos entretenernos a localizar tritones. Se encuentran en aguas limpias y con vegetación. Entre el canchal, seguro que tenemos ocasión de avistar algunas marmotas u oír sus silbidos.

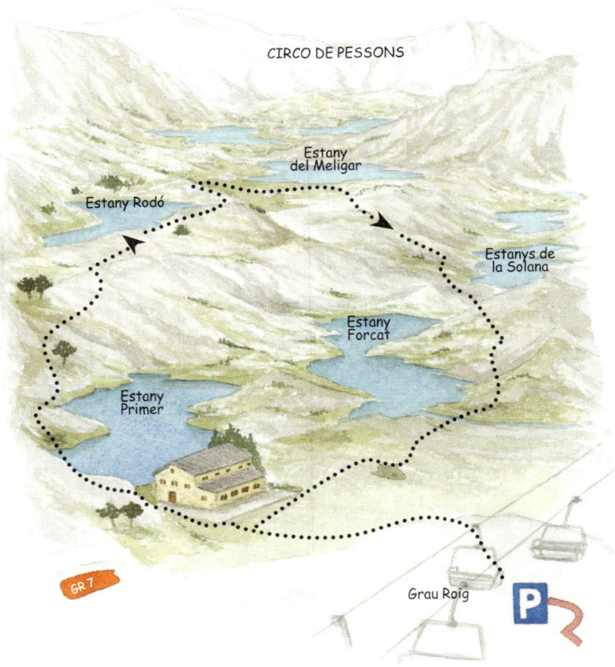

un pequeño pero marcado camino, el de los lagos de la Solana. Descendemos algunos metros hasta el camino, situado a la ribera de los pequeños lagos e iniciamos el descenso en dirección norte, siguiendo los hitos.

Edad: **9-14**
Tiempo: **3** h
Desnivel: **310** m
Mapa: **Andorra. 1:25.000.** Ed. Sua

La senda pierde altitud pasando a cierta altura del lago Forcat, que tiene forma de "S". Se traspasa el río que desagua el lago Forcat y se regresa, sin pérdida, hasta el restaurante y el punto de inicio.

49 CIRCO DE SABORÈDO

El parque nacional de Aigüestortes i Estany de Sant Maurici atrae a numerosos excursionistas, pero muchos de ellos se quedan en las zonas más conocidas. Aún quedan áreas solitarias donde se puede saborear la tranquilidad de la alta montaña.

Desde el puente de Lòcampo se inicia la ruta en dirección sur por la ancha pista que se adentra hacia el fondo del valle. Un primer tramo entre prados permite observar el entorno.

Pronto nos adentramos en un bosque de pino donde la pista va ganando altitud de forma progresiva. Siempre se marcha paralelo al río, que se muestra juguetón. El bosque, a veces escaso, deja paso a pequeños prados ricos en flora alpina y pequeños animales invertebrados.

Superamos un tramo en el que la pista zigzaguea y desembocamos en un pequeño circo, la Pleta de Saborèdo. Nos desviamos de la pista, que gira al oeste. La senda, en algunos momentos estrecha, gana altitud por la vertiente este del valle. Pronto deja el valle principal para tomar una pequeña depresión en la que el río forma pequeños remansos entre prados. Encima de nuestras cabezas podemos divisar el pararrayos que corona la colina que protege el refugio.

Afrontamos el último tramo de ascenso por un bosque ralo de pinos negros. Cruzamos el río por el

ACCESOS:
DESDE BAQUÈIRA POR LA PISTA QUE SIGUE EL RÍO DE RUDA, A LA IZQUIERDA. SE DEJA EL VEHÍCULO EN EL PUENTE DE LÒCAMPO.

REFUGIOS DE MONTAÑA Experimentar la camaradería

Pasar la noche por primera vez en un refugio puede ser una aventura excitante para los chavales, que aprenderán cuáles son las normas de camaradería y compañerismo que rigen en un establecimiento así, amén de pernoctar en plena naturaleza.

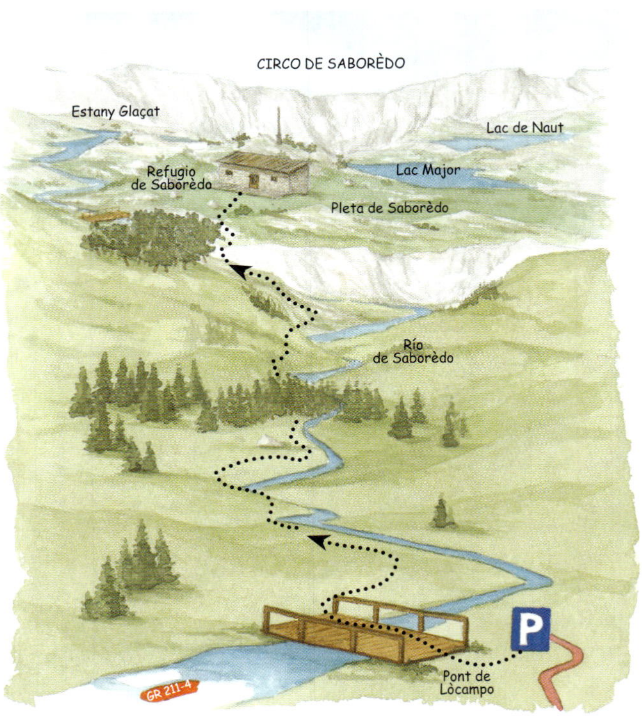

que desaguan los lagos Major, Naut y Glaçat de Saborèdo, y ascendemos por la vertiente este del contrafuerte que sostiene al refugio. Un último esfuerzo permite llegar a esta pequeña y agradable instalación de montaña.

Sin lugar a dudas, la situación privilegiada del refugio de Saborèdo –con unas vistas excepcionales sobre el circo–, su limitadísima capacidad y el esmero con que los guardas lo han reformado, lo convierten en uno de los refugios más extraordinarios de los Pirineos. Aprovechémoslo.

EDAD: **9-14**
TIEMPO: **4** h **30** min (2 etapas)
DESNIVEL: **600** m
MAPA: **Val d'Aran. 1:35.000.** Ed. Sua

50 DE ESTERRI A SON

Antiguamente los pueblos de los Pirineos estaban unidos por estrechos caminos. Por ellos los vecinos, a veces a pie, a veces a caballo o mula, se trasladaban de una punta a otra del país. Esta ruta invita a conocer uno, el que enlazaba Esterri d'Àneu con Son.

Desde la era de la casa Gassia, sede del ecomuseo de Valls d'Àneu (interesante visita), se toma la calle que desemboca en una plaza caracterizada por un monumento formado por flores y piedras que dibujan la bandera catalana. Se continúa de frente en dirección a Son —población que se divisa sobre nuestras cabezas—, pasando entre dos casas y desembocando en los prados que rodean la población. Unas señales amarillas nos guiarán a lo largo de la ruta.

ACCESOS:
DESDE ESTERRI D'ÀNEU. EL PUNTO DE INICIO SE SITÚA EN LA CASA GASSIA, SEDE DEL ECOMUSEO DE VALLS D'ÀNEU.

Al llegar al chalé de la Pradera se deja el camino principal y se continúa por una senda que nace, a la derecha, hasta un cruce de caminos. Se dejan dos invitaciones a la izquierda, se continúa a la derecha y, al cabo de pocos metros, se sigue a la izquierda dejando una senda a la derecha. A partir de este punto se entra en un espeso robledal y se inicia el ascenso. De bancal en bancal, el camino gana altitud. Se deja un sendero que continúa a la izquierda girando a la derecha 180°.

PATRIMONIO Un campanario conjuradero

En Son se ubica un gran conjunto románico. Se pueden pedir las llaves para visitarlo en el refugio que hay enfrente. Tal vez lo que más interesará a los jóvenes es que se puede subir al campanario, que es conjuradero, es decir, desde donde se alejaba, con prédicas y redobles de campana, a las tormentas.

Edad: **9-14**

Tiempo: **3** h **30** min

Desnivel: **440** m

Mapa: **Aigüestortes. 1:25.000.** Ed. Sua

Desembocamos a una pista donde, a la derecha, se retoma el camino. En algún punto, unos peldaños de madera permiten subir con más facilidad. Se pasa bajo dos líneas de distribución de energía eléctrica hasta ganar una pista cubierta de hierba. Un giro a la derecha y, de forma inmediata, a mano izquierda. Después de un cruce de cuatro caminos, donde seguimos recto, hay que bordear un pajar en ruinas. El camino sigue flanqueado por paredes de piedra. Al enlazar con la carretera asfaltada de Son, a la izquierda hasta que, al cabo de veinte minutos, entramos en Son.

51 LAGOS CAMPORELLS

El Capcir es una antigua comarca catalana que el Tratado de los Pirineos cambió de frontera, ahora está administrada por el Estado francés. Su belleza la forman la perfecta combinación de collares lacustres, mantos de verde intenso y pueblos cargados de historia.

ACCESOS:
DES DE PUIGCERDÀ SE SIGUE LA CARRETERA N-116 HASTA A MONT LLUÍS. POR LA CARRETERA D 118 SE LLEGA A FORMIGUERES.

Tenemos la opción de alargar la excursión evitando tomar el telesilla del esquí. Pero, sin duda, restaría magia al recorrido, que será acogido por los chavales como una atracción evidente. Podremos señalarles algunos aspectos del paisaje mientras ellos balancean sus piernas colgadas del abismo, remontando hasta la estación superior del telesilla.

Las sillas nos depositan en la sierra de Maurí, donde ya a pie enlazaremos con una pista que asciende hacia el oeste. Pronto se llega a una barrera donde los vehículos tienen limitado el paso. Se continúa ascendiendo siguiendo las marcas amarillas pintadas en las piedras.

Poco a poco los pinos son más escasos hasta salir a los prados alpinos. Se enlaza con la pista que va ganando altitud hasta que, a la derecha, podemos observar una línea de tres colinas que forman la espalda principal de la cresta de Maurí. Opcionalmente, se puede ascender a la cima principal por una pequeña senda. El camino de los lagos de Camporells continúa por la vertien-

TELESILLA Una ascensión diferente

El telesilla de Formigueres es un medio de comunicación poco habitual en las rutas por los Pirineos. Por eso será un elemento motivador más para que los más pequeños se acerquen a la montaña. Además es de largo recorrido, más de veinte minutos.

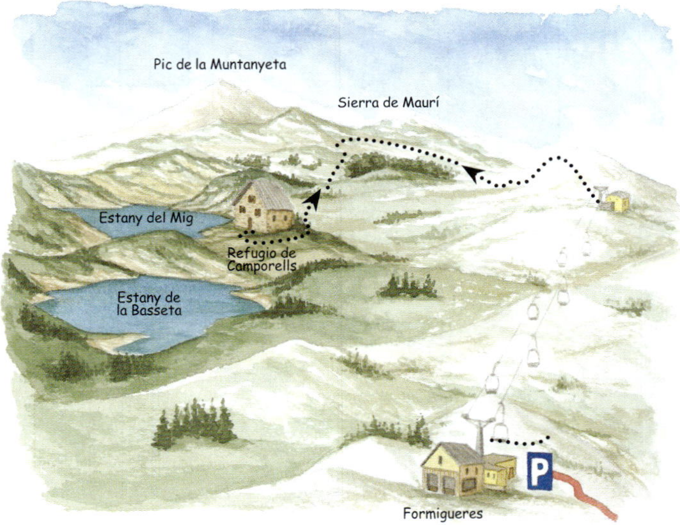

te sur de la cresta para perder altitud progresivamente. En el primer tramo el camino está formado por rocas descompuestas, pero poco a poco va mejorando y haciéndose cómodo.

Pronto volvemos a encontrar algunos jóvenes y retorcidos ejemplares de pino negro que motean, con su verde oscuro, el prado alpino que reina en la zona. El camino desciende directamente hacia el pequeño refugio de Camporells, situado en la ribera del lago del Mig. Se regresa por el mismo camino.

Opcionalmente se puede volver por el valle de la Lladura. Desde el refugio se tiene que seguir la señalización amarilla. Pronto se pasa el lago de la Basseta, dejamos el camino de la Bullosa a la derecha, y descendemos hasta la pista de Formigueres. Este camino, después de un largo y suave ascenso, permite llegar al punto de inicio de la ruta.

EDAD: **9-14**
TIEMPO: **4** h
DESNIVEL: **480** m
MAPA: **Cerdanya. 1:25.000.** Ed. Sua

52 MONTGARRI

El valle de Montgarri es uno de los pocos valles pirenaicos que comunica dos grandes cuencas hidrográficas –la del río Garona y la del Noguera Pallaresa– que se conserva virgen. Esta ruta invita a descubrir este espacio que ya es uno de los últimos refugios de los Pirineos.

ACCESOS:
DESDE BERET, EN LA CARRETERA C-28, DESVIARSE HACIA BAQUÈIRA. EN EL PLAN DE BERET, HAY QUE DEJAR EL VEHÍCULO EN EL EXTREMO MÁS ORIENTAL DEL APARCAMIENTO.

Desde el aparcamiento del Pla de Beret, en la estación de Baquèira, se inicia la excursión por una zona donde, aquí y allá, nacen pequeños riachuelos que al juntarse engendrarán el río Noguera Pallaresa (y también el Garona, aunque éste tomará la dirección opuesta, hacia el Océano Atlántico). Iniciamos la andadura por el flanco norte del valle, siguiendo una pista de tierra que pierde altitud de forma suave.

El camino pasa por una zona de bosque de pinos negros muy grandes, iniciando un tramo más pronunciado de descenso hasta llegar, sin pérdida, al río de Parros y a la borda homónima.

Un tramo más adelante, cuando llevamos 45 min caminando, cruzamos el río deth Horcalh por un puente. Un suave ascenso permite llegar a la borda de Cabau, actualmente en precario estado de conservación. Desde este punto, un cartel situado en el cruce con el camino del collado de

NATURALEZA Osos difíciles de ver

Son difíciles de observar, pero en esta zona de los Pirineos sobreviven algunos ejemplares de oso pardo. Más sencillo será, buscando en los remansos del río, encontrar tritones o "volando" dentro del agua, mirlos acuáticos a la caza de insectos.

Orla y de las minas de Liat (GR-11), hay que descender por unas suaves lomas que se dirigen, en dirección este, hacia un bosque de pinos. Pronto cruzamos un riachuelo que divide dos zonas de pastos.

Se cruza una cerca, flanqueada por magníficos ejemplares de pino negro, hasta desembocar en los prados situados al oeste del santuario de la Mair de Diu de Montgarri. Pegado a él, el refugio en el que podemos pasar la noche o, simplemente, tomar una bebida.

Situados frente al santuario, podemos optar por regresar por el mismo camino o seguir por la pista que retorna por la vertiente sur del valle. Esta segunda opción cruza el río por el puente y afronta la loma que hay enfrente siguiendo una estrecha senda que transita en medio del bosque. El camino desemboca en la pista de Civís, que en dirección sudoeste nos conduce al punto de inicio.

EDAD: 0-5

TIEMPO: 3 h 30 min

DESNIVEL: 210 m

MAPA: Val d'Aran. 1:50.000. Ed. Sua

53 MONT-REBEI

El desfiladero de Mont-rebei está en la Serra del Montsec. Sus altas paredes, que en algún punto alcanzan los 500 m, y su anchura, a veces de poco más de veinte, convierten a este recorrido en uno de los más impresionantes del territorio pirenaico.

ACCESOS:
POR LA CARRETERA N-230 HASTA EL PONT DE MONTANYANA. TOMAR LA CARRETERA DE TREMP HASTA EL CRUCE DE CASTISSENT. CONTINUAR HASTA LA PISTA DEL DESFILADERO.

Desde el aparcamiento de la reserva del desfiladero de Mont-rebei se toma el camino que se dirige hacia el pantano de Canelles. Al cabo de pocos metros se bifurca. Se puede seguir la senda que pasa bordeando el pantano, más corta pero sólo hábil cuando el nivel de las aguas es bajo, o el camino de las Tarteres, más largo y empinado.

Cuando los dos caminos se vuelven a unir, hay que dirigirse hacia el puente colgante –metálico y muy firme– que salva el pequeño barranco de la Maçana. En el extremo contrario del puente, el camino se bifurca. Ambos vuelven a converger al cabo de algunos centenares de metros.

Se llega al inicio del desfiladero, donde se afronta el primer tramo colgado del camino. Llevamos 45 min caminando. En este punto la ruta no dispone de pasamano alguno para hacer más seguro el camino. Después de este primer tramo, se pasa una zona sombreada dominada por el boj, la carrasca y algún madroño.

Se entra de lleno en el desfiladero, donde las aguas tranquilas del río pasan por debajo, a más de cien metros, y las paredes no distan más de veinte entre ellas. Un pasamanos y unos bancos de madera ofrecen cierta seguridad. El silencio invade el paisaje, solamente desgarrado por los gritos de las cornejas y el majestuoso vuelo de los buitres. Con suerte, podremos ver nadar a las nutrias.

Edad: 5-9
Tiempo: 3 h
Desnivel: 100 m
Mapa: Noguera. 1:50.000. I.C.C.

A la izquierda asciende un pequeño camino que permite acercarse a la cueva Colomera o de las Gralles, de visita recomendable, para admirar su grandiosidad. Se continúa por el camino afrontando el último tramo que permitirá disfrutar de la vista sobre la pared de Catalunya, al este, y la pared de Aragón, al oeste (cada una de ellas pertenece a una comunidad autónoma). Regresamos por la misma senda.

54 PIC DE CASAMANYA

Como si de un faro se tratara, el Pic de Casamanya se alza en el centro de Andorra. Desde su cima se divisa todo el territorio del Principado y gran parte de los Pirineos. Es una cumbre que permite olvidarse del bullicio que domina el fondo del valle.

ACCESOS:
DESDE EL COLLADO DE ORDINO, EN LA CARRETERA CS-240, KM 8,9.

La excursión se inicia en el collado de Ordino, por una senda situada en la vertiente norte. Un cartel indica la dirección a seguir y anuncia que la ruta está señalizada con pequeñas franjas de pintura amarilla. El camino asciende entre un bosque ralo de pino negro.

Después de un tramo de ascenso un tanto fatigoso, el camino pierde pendiente y transita por el bosque que limita el trazado. La senda, que se mantiene por la vertiente este de la cresta, está muy marcada y no deja lugar a la duda.

En el collado de las Vaques se deja definitivamente atrás el bosque y se gana la cresta que nos guiará hasta la cima, modesta pero espléndida. Se supera un último repecho antes de afrontar el ascenso definitivo, que se intuye justo frente a nosotros.

Se superan unas rocas y se inicia un tramo de fuerte ascenso que superamos con amplias lazadas. Es la forma más cómoda de ganar altitud manteniendo un ritmo lento pero constante, sin cansar a los chavales y mostrándoles el valle, al fondo.

LA PRIMERA ASCENSIÓN

Los chavales más crecidos pueden afrontar aquí su primera ascensión. Se trata de un pico fácil, pero de considerable altura (2.740 m), por lo que será recomendable escoger un día estable, en el que no aparezcan dudas sobre el tiempo..

El camino sigue la cresta dejando, a ambos lados, múltiples sendas secundarias que flanquean el camino. Son los caminos que las ovejas han labrado en la montaña.

Se sale a una zona más llana a la hora y media de haber aparcado el vehículo. A partir de este punto se van superando pequeños collados de la cima del Casamanya. Un cúmulo de piedras marca la cumbre, curiosamente de tonalidades calcáreas, material inhabitual en los Pirineos andorranos.

Desde el Pic de Casamanya se divisa la división de Andorra: el valle del río Valira de Orient, al este, y del río Valira del Nord, al oeste. Envolviendo ambos cursos, un sinfín de cumbres.

EDAD: 9-14
TIEMPO: 3 h 30 min
DESNIVEL: 760 m
MAPA: Andorra. 1:40.000. Ed. Alpina

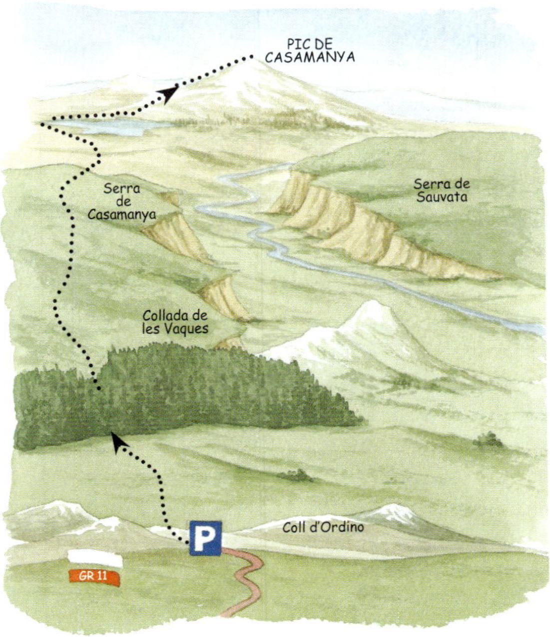

55 PRAT DE CADÍ

La barrera calcárea de la sierra del Cadí no deja indiferente a nadie. La atracción que sintieron los primeros montañeros que se acercaron a escalar sus paredes es de sobras justificada. La ruta que proponemos os abrirá las ganas de descubrirla todavía más.

ACCESOS:
DESDE LA CARRETERA N-260 TOMAR, EN MARTINET, EL CAMINO ASFALTADO DE ESTANA Y EL COLLADO DE PALLERS.

Desde el collado de Pallers, límite norte del parque natural del Cadí-Moixeró, se inicia la excursión en dirección sur adentrándose en un bosque de pino rojo y boj. Comenzamos a caminar dejando una pista a la izquierda.

El camino sigue el PR C-121 que, en algún tramo, está falto de señales pintadas. Ganando altitud suavemente, el camino pasa a través de pequeños prados de pastoreo justo donde enlaza, de nuevo, con una pista que dejamos a la izquierda. Antes de entrar de nuevo en el bosque, es aconsejable pararse a contemplar la barrera rocosa.

Después de un tramo algo descompuesto, el camino llega a una zona de piedra rojiza donde diversos senderos forman una telaraña. Se continúa a la derecha, ascendiendo por las rocas con la tranquilidad de que, tarde o temprano, todos los caminos vuelven a converger en uno.

A partir de este punto los tramos de ascenso se van sucediendo con otros más llanos, donde reina el pino rojo. El camino atraviesa una cerca de madera con un curioso sistema de cierre con poleas.

A los tres cuartos de hora de caminata se llega al collado de Reineres, característico por una piedra que marca los límites de los municipios. Se salta a la vertiente contraria de la cresta continuando el ascenso hasta el collado Roig, singular por el color de piedra rojo. En este punto el recorrido pierde pendiente, se adentra a un bosque y se enfrenta al tramo final de la ruta.

Súbitamente, como por arte de magia, el camino desemboca en el Prat de

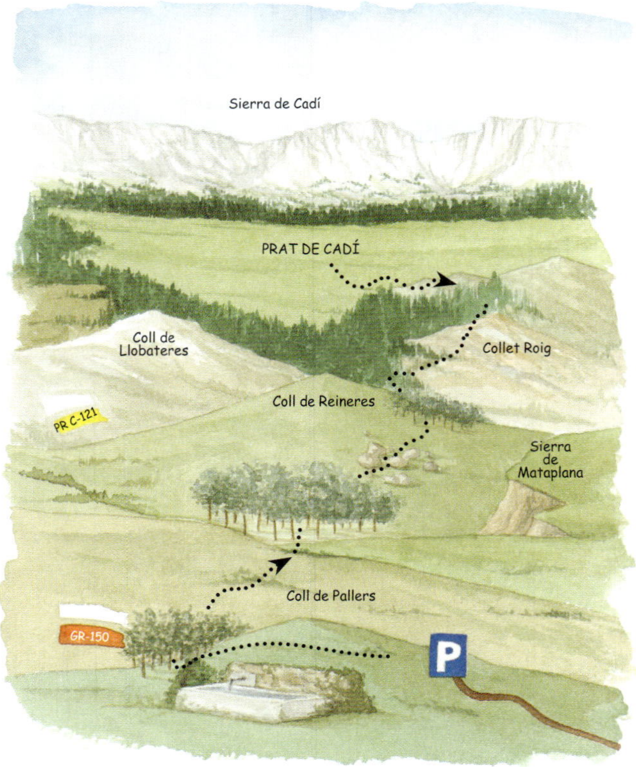

Edad: **0-5**

Tiempo: **2 h 30 min**

Desnivel: **335 m**

Mapa: **Serra del Cadí-Pedraforca. 1:25.000.** Ed. Alpina

Cadí, un entorno que compensa, con creces, el esfuerzo. Se trata de un gran llano de forma redondeada, con un césped perfecto para una comida familiar. Justo enfrente, vemos un camino de verticalidad intimidatoria, la Canal de Cristall, uno de los caminos para ascender el Cadí.

Regresaremos por la misma ruta y buscaremos un lugar propicio para bañarse en el río Segre, y así poner broche de oro a la excursión.

56 PUIGMAL

El macizo del Puigmal ofrece un sinfín de excursiones. La ruta escogida es un recorrido de dos jornadas totalmente diferentes. La primera transcurre por un camino aéreo, entre prados alpinos, y la segunda se hunde en las gargantas del río Freser.

ACCESOS:
SE SUBE AL SANTUARIO DE NÚRIA EN TREN CREMALLERA, DESDE LA ESTACIÓN DE QUERALBS.

La **primera jornada** parte del santuario de Núria, desde el que hay que tomar el camino del vía crucis hasta el pie de una cruz inclinada. Se deja la pista del albergue del Pic de l'Àliga a la izquierda, se supera un pequeño collado y se sigue un camino que flanquea por el valle de Fontnegra.

Pronto se gana la cresta de las Pedrisses y se continúa por la vertiente sur del pico de Torreneules. Sin grandes desniveles, el camino, como si de una curva de nivel se tratara, surca los pequeños valles que forman el relieve del terreno.

Al llegar a la vaguada del Malinfern (Mal Infierno) hay que superar unos bloques que dificultan el paso. Unos peldaños y un pasamano ayudan.

En el collado dels Homes el camino se abre hacia la Coma de Freser, y un rápido descenso nos permite acceder al pequeño refugio de Coma de Vaca.

Iniciamos la **segunda jornada** cruzando el río Freser por una pasarela y afrontamos un corto tra-

PATRIMONIO El tren cremallera de Núria

El tren cremallera del valle de Núria era el único del Estado español hasta la reciente inauguración del ferrocarril de Montserrat. Su trayecto desde Queralbs, a través de uno de los valles más bellos de los Pirineos, permite ganar casi 900 m de desnivel.

mo de ascenso por la vertiente sur del valle. El camino toma altitud hasta encontrar el paso, ya retomando la dirección oeste, la barrera rocosa que nos impedía descender desde el refugio.

Edad: 9-14
Tiempo: 4 h 30 min
Desnivel: 950 m
Mapa: Puigmal-Vall de Núria. 1:25.000. Ed. Alpina

El camino zigzaguea y pierde altitud por un terreno descompuesto. Cuando se llega de nuevo al fondo del valle, en una zona de pastoreo, se cruza el río. El camino se adentra en una zona boscosa hasta ganar unos antiguos campos de cultivo, Les Ribes. Poco a poco se gana altitud, se pasa el salto del Grill y se afronta un último tramo enlosado.

Se cruza el río Freser por un puente de madera, se pasa la centra hidroeléctrica de Daió y se sigue la pista de tierra por la ribera izquierda del río. Al salir a la carretera tan sólo falta ascender a la derecha para regresar al núcleo de Queralbs.

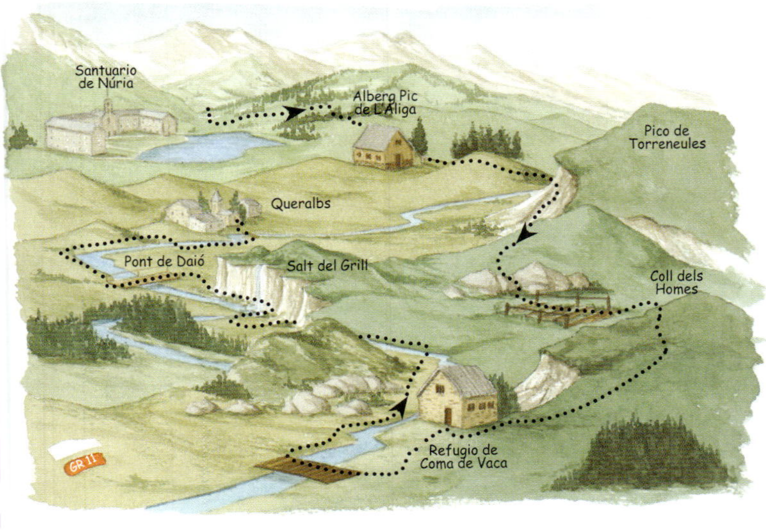

57 PUIGSACALM

La Cordillera Transversal catalana acoge uno de los hayedos más meridionales de Europa, a los pies del Puigsacalm. En esta excursión descubrimos la magia de los colores en los bosques caducifolios de este macizo situado en la comarca de la Garrotxa.

ACCESOS:
DESDE JOANETES (GARROTXA) O SANT PERE DE TORELLÓ (OSONA), ASCENDER HASTA EL COLLADO DE BRACONS.

La ruta escogida se divide en dos tramos. El primero, hasta la fuente Tornadissa, es un suave paseo a través de un espeso bosque de hayas, y el segundo, hasta la cima del Puigsacalm, es una excursión para personas con cierta experiencia en la montaña.

Desde el collado de Bracons, divisoria entre las aguas del río Ter y el Fluvià, se toma un pequeño camino que asciende por el margen norte de la carretera. Unas señales rojas pintadas nos permitirán identificarlo con mucha facilidad. La senda pronto pierde pendiente y se adentra en un hayedo que, según la orientación de la montaña, se mezcla con algunos ejemplarfes de robles y avellanos. El sotobosque, a pesar de la poca luz que consigue penetrar, es diverso; así, en los pequeños claros abundan los helechos y en las zonas más boscosas las prímulas y la hiedra defienden su hábitat férreamente.

Sin pérdida, siempre por el camino más marcado, se llega al collado de Sant Bartomeu, característico por un cercado. Atención, ya que, a pesar de que el camino más lógico continúa recto, es necesario torcer a la derecha por encima de un tramo rocoso que se adentra en el bojedal. La ruta pronto afronta un tramo de fuerte ascenso. Se sale a una pista donde un cartel indicativo nos marca la dirección de la fuente Tornadissa: a la derecha, por una senda que se adentra de nuevo en el bosque. El camino desemboca en la fuente Tornadissa, característica por un magnífico ejemplar de haya que la cobija y un abrevadero de roca tallada. Es un rincón bello y cautivador, donde la hojarasca acumulada otoño tras otoño esconde tesoros bajo su alfombrado manto.

A partir de aquí, empieza el segundo tramo. El ascenso al Puigsacalm continúa por el fondo del valle hasta ganar la cresta. Se tuerce en dirección este adentrándose en los Rasos de Manter. Un cartel indicativo, de delicada estructura, marca el camino hasta la cima del Puigsacalm (1.515 m). Se regresa por el mismo camino.

EDAD: 0-5
TIEMPO: 3 h 30 min
DESNIVEL: 360 m
MAPA: Puigsacalm-Bellmunt. 1:25.000.
Ed. Alpina

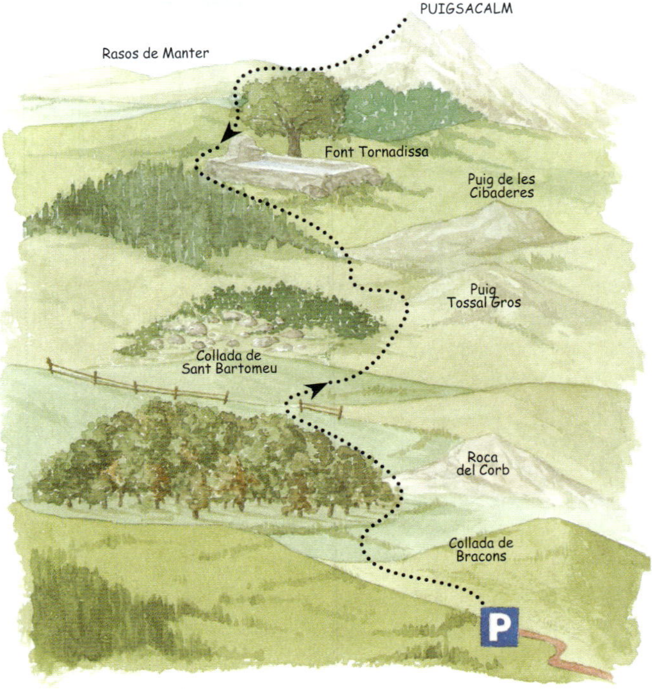

58 REFUGIO COLOMINA

Las empresas hidroeléctricas han marcado el paso del tiempo en la Vall Fosca a lo largo de las últimas décadas. Ellas fueron las que construyeron el teleférico de Estany Gento que permite acceder al refugio Colomina, con el que iniciamos este itinerario.

Desde la estación superior del teleférico de Estany Gento se puede optar por ascender hasta el refugio Colomina. A la izquierda de la estación nace una estrecha senda que nos guiará, siempre con tendencia al este, hasta el refugio.

ACCESOS:
POR LA CARRETERA N-260 HASTA SENTERADA, DONDE SE TOMA LA CARRETERA DE CABDELLA (L-503). LUEGO HASTA SALLENTE, DONDE ESTÁ LA ESTACIÓN INFERIOR DEL TELEFÉRICO.

De nuevo en la estación superior, si hemos pernoctado en el refugio, o si hemos llegado con el teleférico, se inicia la excursión en dirección sudeste pasando por debajo del antiguo refugio de los ingenieros de obras, reconvertido en la actualidad en un restaurante.

Pronto se llega a la presa que limita el pantano. Se pasa a sus pies en dirección a las antiguas construcciones que albergaban a los mineros. En la otra vertiente del valle nos encontraremos con el trazado del antiguo tren de transporte de material. A partir de aquí el camino es fácil: únicamente hay que seguir los raíles.

PATRIMONIO Teleférico y antigua vía ferroviaria

Seguir los raíles de un antiguo ferrocarril es siempre gracioso. Si además se le añade que se cruzan tres túneles, en los que es aconsejable utilizar una linterna, la diversión está asegurada. También se utiliza un teleférico para subir al Estany Gento.

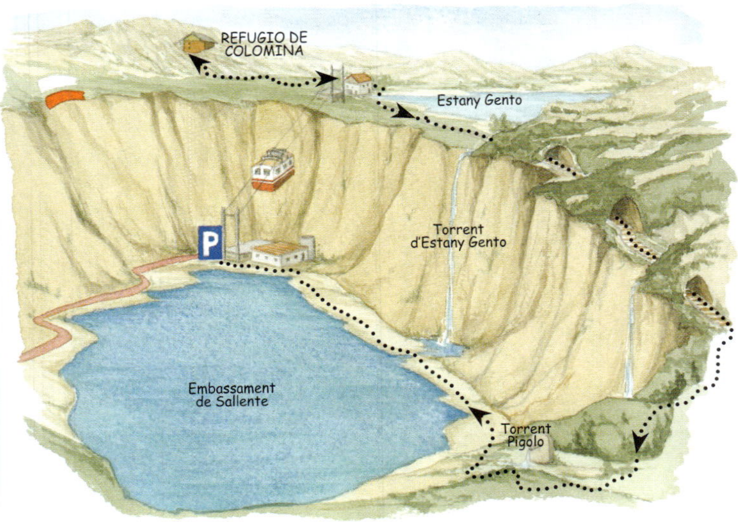

Después del segundo túnel se entra en un gran valle. A nuestros pies se puede identificar un antiguo cercado de piedra. Pronto cruzamos un corto túnel y encontramos, a la derecha, el camino del torrente de Pigolo. Una señal lo identifica.

El camino desciende rápidamente en medio de pastos y de múltiples caminos transitados por las vacas. Como referencia útil, hay que seguir siempre la ribera izquierda del torrente. Llega un momento donde convergen todos los caminos y se llega a una fuente.

EDAD: **5-9**
TIEMPO: **3** h
DESNIVEL: **300** m
MAPA: **Aigüestortes. 1:25.000.** Ed. Sua

A partir de allí el sendero zigzaguea perdiendo altitud con bastante rapidez. A la vista de la estación inferior del teleférico nos desviamos en dirección norte, es decir, a nuestra derecha, para tomar un ancho camino, recientemente restaurado, que permite regresar al punto de inicio fácilmente.

59 SANT ANIOL

Aun con su baja altitud, en la comarca de la Garrotxa los Pirineos se muestran salvajes, casi inaccesibles, y de una gran belleza. Esta ruta por el valle de Sant Aniol es una aproximación a esta tierra, testimonio de luchas de bandoleros y carlistas.

ACCESOS:
DESDE MONTAGUT, TOMAR LA CARRETERA DE SADERNES Y SEGUIR TRES KILÓMETROS HASTA LA ÚLTIMA ZONA DE APARCAMIENTO.

Desde la última zona de aparcamiento autorizado del valle de Sant Aniol, a unos tres kilómetros de Santa Cecília de Sadernes, se inicia la excursión por el camino de Sant Aniol. Un poste indicativo señala el camino a seguir, es decir, descendiendo hacia el río.

El camino no tiene pérdida hasta la Muntada, un amplio prado situado en el margen izquierdo del río. Abandonamos la pista, que cruza el cauce, y tenemos que continuar por una estrecha senda que pasa a la derecha de la zona de pasto.

Pronto se llega a una pequeña represa, que deberemos cruzar por encima de la pared de contención, para de esta manera cambiar de orilla. El húmedo enlosado que cubre el camino obligará a prestar atención para no resbalar. Después de un tramo encajonado, se abre el cielo encima de nuestras cabezas y el camino obliga a cruzar el río a vado. Pronto dejamos, a la derecha, una pasarela en precario estado de equilibrio, sólo apta para funambulistas. Unas escasas marcas rojas nos guiarán a lo largo de este tramo.

El camino cruza el río y asciende entre abandonados cultivos hasta ganar un pequeño y marcado collado, donde se prosigue a la izquierda. En este punto se enlaza con el GR-11. Los distintos cruces que se desvían del sendero a partir de este punto vuelven a converger siempre un tramo más adelante, de manera que no hay que preocuparse. Así, por ejemplo, en el siguiente cruce es lo mismo continuar a la izquierda que a la de-

Edad: 5-9
Tiempo: 3 h
Desnivel: 150 m
Mapa: Garrotxa. 1:50.000. I.C.C.

recha, y sucederá de igual manera al cabo de tres minutos.

La senda obliga a cruzar de nuevo el río por última vez hasta encontrar el lecho de un afluente. Éste nos guía, en medio de húmedos guijarros, hasta la ermita, situada en un sombreado paraje. Toda la ruta está plagada de lugares idóneos para el baño. Hay que recordar llevarse una zapatillas para caminar por el fondo del río y también una toalla para secarse rápidamente, pues el agua está helada y la zona es generalmente umbría. Se regresa por el mismo camino.

60 SERRA DE BUSA

El Pla de Busa forma un altiplano situado frente a algunas de las sierras más emblemáticas de Catalunya. La cresta que limita el llano por su vertiente norte es un magnífico mirador de los Rasos de Peguera, el Pedraforca, la sierra del Cadí, la sierra del Verd i el Port del Comte.

ACCESOS:
CARRETERA SOLSONA-BERGA. AL CABO DE OCHO KILÓMETROS, TOMAR LA PISTA DE BESORA. DISTINTOS CARTELES DIRECCIONALES PERMITIRÁN ASCENDER HASTA EL PLA DE BUSA.

Empezamos la excursión junto a la pequeña cruz de hierro que nos da la bienvenida al Pla de Busa. Hay que ponerse a caminar por la ancha pista, en dirección noreste. Se llega a un desvío de dos pistas. Se toma el camino de la derecha en dirección a la prisión del Capolatell. Enfrente se puede observar la imponente masía del Rial de Busa, todavía habitada. Pronto dejamos una pista secundaria a la derecha que se adentra hacia un bosque ralo de pino rojo.

En el siguiente cruce se deja el camino de la derecha y se continúa hacia la prisión. Pronto se deja el camino de la ermita de Sant Cristòfol a la derecha.

El ancho camino que se sigue pasa por la masía de la Vila, convertida en corral para las ovejas, manteniendo la altitud. Poco después de adentrarse en el bosque de pino, el camino se transforma en una senda y toma la dirección norte. Al cruzar una espectacular veta de cuarzo, llegamos al mirador desde el que se divisa buena parte del Prepirineo ca-

PATRIMONIO Prisión al aire libre

La visita a la "prisión" del Capolatell (en realidad una meseta rodeada de abismo por todas partes), con su pasarela de acceso, es una experien cia sobrecogedora. Más de un millar de prisioneros franceses vivieron durante tres largos años allí.

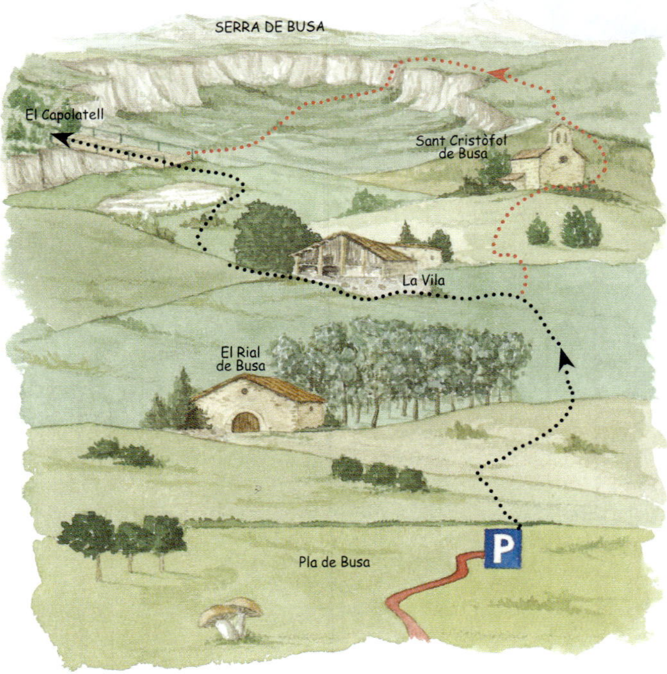

talán. Tan sólo falta continuar el camino en dirección a la prisión. La senda desciende hasta la pasarela de hierro que permite cruzar el impresionante vacío que separa la meseta del resto de la sierra. Se regresa por el mismo camino.

Opcionalmente, se puede ascender a la cresta de la sierra de Busa desde la ermita de Sant Cristòfol, donde una estrecha senda marca el camino de ascenso. Al ganar la cresta se continúa en dirección oeste hasta el Cogul, con una antena de radio que lo corona. Desde este punto unas marcas verdes pintadas nos guiarán hasta el mirador.

EDAD: **5-9**
TIEMPO: **3** h
DESNIVEL: **150** m
MAPA: **Solsonès. 1:50.000.** I.C.C.

61 SERRA DE L'ALBERA

El macizo de l'Albera es el último suspiro de la cordillera pirenaica antes de morir en el mar. A pesar de ello, todavía se muestran rebelde y asciende a más de 1.200 m con el pico Neulós. Esta ruta propone descubrir un paisaje agreste, que escribe su historia en las piedras.

ACCESOS:
DESDE SORÈDE O ARGELERS, TOMAR LA CARRETERA QUE COMUNICA AMBAS POBLACIONES (D 2). A MEDIO CAMINO DE LAS DOS POBLACIONES DESVIARSE EN DIRECCIÓN A LA VALL-LAVALL.

Desde el pequeño núcleo de la Vall (Lavall) se toma la calle Balcó de Montbram hasta el cruce con la calle Assolellat. En este punto se sigue la pista que se adentra en el valle a lo largo de quinientos metros. Al llegar a la zona de aparcamiento, se cruza la barrera y se sigue paralelo al río.

Pronto se llega a una zona más abierta dominada por alcornoques. Un cartel indica la dirección a seguir: a la izquierda, hacia la torre de la Maçana-Massana, por una senda que pronto inicia el ascenso. A partir de este punto no hay que perder las señales amarillas pintadas que indican la ruta entre el laberíntico encinar.

Se supera una pequeña cresta, se llanea a lo largo de algunos metros para, inmediatamente, volver a ganar metros por dentro del bosque. Superamos el collado del Pomer, donde un cartel deteriorado de hierro indica la dirección a seguir: hacia la derecha. El camino cambia de vertiente

PARA COMPLETAR LA EXCURSIÓN

Después de la excursión, en la que hemos visitado una torre de vigilancia durante la dominación musulmana de la Península Ibérica, nada mejor que un buen baño en alguno de los muchos recodos con poza del río.

y serpentea entre tramos de roca viva, encinares de pequeña talla y algún árbol de hoja caduca.

Cuando la senda se adentra en una zona de antiguos pastos, actualmente invadida por helechos, se afronta el último ascenso. Como curiosidad, obsérvese un espléndido acebo que un tramo más adelante se deja a la izquierda, especie amante del frío en una zona más bien cálida.

EDAD: **5-9**
TIEMPO: **3** h **30** min
DESNIVEL: **525** m
MAPA: **Roussillon. 1:50.000.** Ed. Rando

Al fin se consigue llegar a la cresta principal, a la hora y media de haber comenzado a caminar. Se sale del bosque y se continúa al sur, hacia la torre de la Maçana, punto final de la ruta.

Desde la torre se divisa, al este, la Costa Vermella, que con su serpenteado relieve nos abstrae y obliga a descansar largo rato deleitándonos con su belleza. A nuestros pies, densos bosques de alcornoques. Se regresa por el mismo camino.

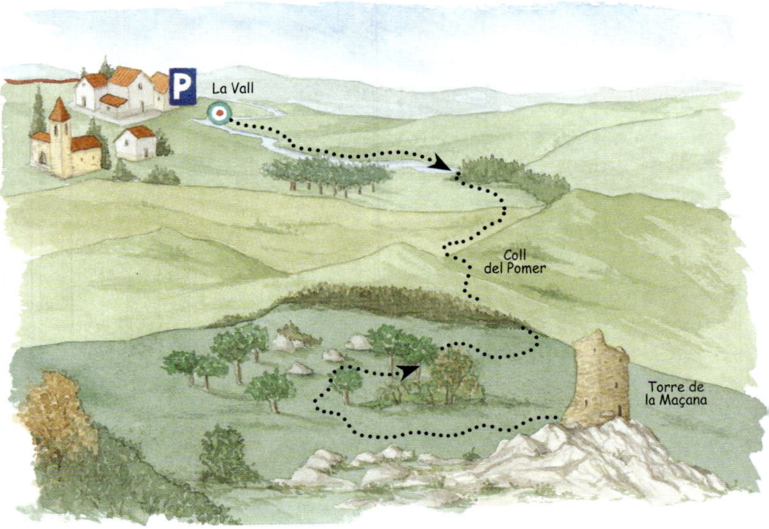

62 SERRA DEL CORB

A lo largo del siglo XX las sierras prepirenaicas catalanas sufrieron un progresivo abandono. Ello ha conllevado la recuperación del bosque y el olvido de estas montañas que, como la Serra del Corb, ofrecen hoy un excelente paisaje en el que realizar itinerarios a pie.

ACCESOS:
DESDE OLIANA, POR LA CARRETERA DE ANDORRA (C-14), TOMAR LA CARRETERA DE PERAMOLA JUSTO DESPUÉS DE CRUZAR EL RÍO SEGRE. ANTES DE LLEGAR A PERAMOLA TOMAR, A LA DERECHA, LA PISTA DEL HOTEL CAN BOIX.

Desde el hotel Can Boix se toma el camino que lo cruza de sur a norte. Pasado un gran depósito de agua, llegamos a un cruce. Dejamos el camino de Sant Honorat y torcemos a la izquierda hacia la Roca del Corb. El camino, que en algún punto está maltrecho, asciende rápidamente.

Se supera el Grau de la Porta y se continúa en dirección norte llaneando entre bancales abandonados hasta el collado de Quatre Camins. En este punto se tuerce a la derecha para dirigirse, directamente, hacia la Roca del Corb. Al cabo de cinco minutos se pasa cerca del Forat del Corb, un impresionante sima.

El camino, ahora convertido en una ancha pista, pasa bajo la Roca del Corb. Pronto se llega al sendero que permite el ascenso a la propia roca. La subida, de unos diez minutos, es algo fatigosa pero la vista y la pequeña ermita de Sant Salvador del Corb, en un

PATRIMONIO La ermita más pequeña

Se dice que la ermita de Sant Salvador del Corb es la más pequeña de Catalunya. Si no es así poco le falta, ya que, colgada en un colladito que separa dos de las cimas que forman la Roca del Corb, no permitió levantar una gran iglesia.

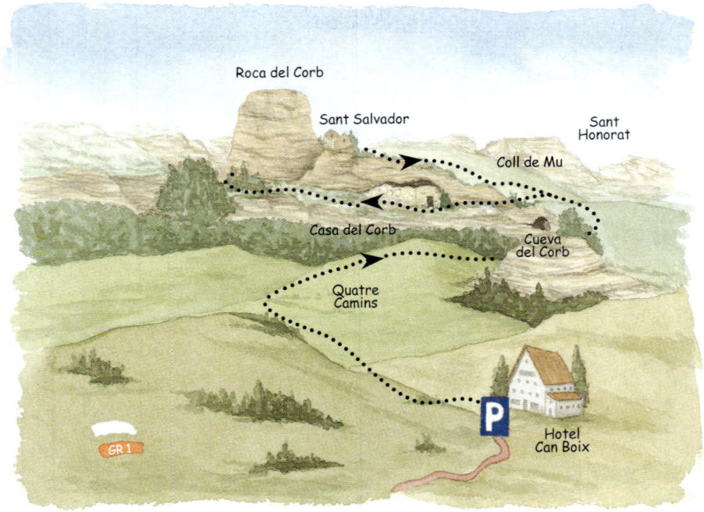

páramo inimaginable, compensan el esfuerzo.

De nuevo en el cruce, se continúa hacia el norte hasta el collado de Mu. Este puerto separa la sierra de Sant Honorat, al este, y la sierra del Corb, al oeste. Cuando la pista desciende de forma pronunciada se continúa por una estrecha senda a la izquierda.

Cerca de un antiguo corral abandonado es necesario seguir las señales blancas y rojas de la senda GR. Éstas permitirán superar el único tramo de cierta dificultad del camino. Cuando se cumple hora y media de habernos puesto en marcha, se llega a la casa del Corb, una antigua masía troglodita, de la que todavía se pueden observar los establos.

Al cabo de diez minutos, el camino desemboca de nuevo en la pista y, ovillando la ruta, se llega de nuevo sin más complicación al hotel Can Boix.

Edad: 5-9
Tiempo: 2 h 15 min
Desnivel: 400 m
Mapa: Alt Urgell. 1:50.000. I.C.C.

63 UELHS DETH JÒEU

Los Uelhs deth Jòeu es uno de los espectáculos más sobrecogedores de los Pirineos. Las aguas del glaciar del Aneto, desaparecidas en Aigüalluts, en la vertiente mediterránea, vuelven a aparecer en Val d'Aran, ya en la vertiente atlántica, para alimentar el río Garona.

ACCESOS:
DESDE EL PUEBLO DE ES BÒRDES, SE TOMA LA CARRETERA DEL VALLE DE LA ARTIGA DE LIN. HAY QUE APARCAR DONDE ACABA EL ASFALTO.

Desde el Plan dera Artiga se inicia el paseo por la pista de tierra que continúa la carretera asfaltada. Pronto se deja atrás el habitual hormiguero de coches y nos adentramos en una zona de pastos mucho más tranquila.

Se deja el camino de los lagos de los Pois a la derecha, se cruza el barranco de los Pois por el puente des Garonetes, y nos dirigimos, en dirección norte, hacia el bosque de hayas que limita los prados. Poco antes de adentrarse en el bosque, el camino cruza una curiosa puerta de piedra coronada por un travesaño de madera que indica el camino de los Uelhs deth Jòeu.

A nuestros pies se intuye el río que, en este tramo, todavía baja escaso de agua. La senda transita en medio de un espeso bosque donde. A la derecha nos acompaña una bella pared de piedra que sostiene un terraplén.

Las hayas van siendo sustituidas, poco a poco, por impresionantes abetos y el ruido del agua empieza a dominar el entorno. Pronto se llega a dos columnas que, como una puerta, nos dan

TRADICIONES Hadas acuáticas

Además de la sorprendente historia de la surgencia del agua que proviene del Aneto, será interesante explicar a los niños que los Uelhs están poblados por una especie de hadas acuáticas que viven en los torrentes de los Pirineos catalanes.

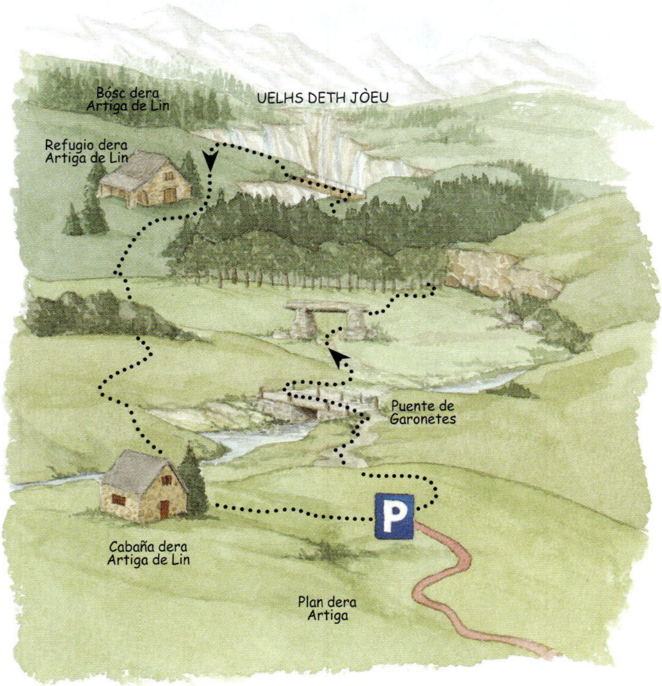

la bienvenida al tramo final de descenso hasta los Uelhs (25 min). Al llegar a la parte inferior del camino, a la izquierda se puede contemplar la surgencia de los Uelhs deth Joèu. Por distintos puntos de la montaña nace el agua a chorro, entre un caos de grandes rocas y enormes troncos de pino negro arrastrados por las avenidas estacionales. A continuación, cruzamos el caudaloso río por un puente de hierro y llegamos a la carretera asfaltada. Tan sólo falta ascender al punto de inicio por la carretera que pronto (900 m) nos guiará hasta el Plan dera Artiga.

Edad: 0-5
Tiempo: 2 h
Desnivel: 100 m
Mapa: Val d'Aran. 1:30.000. Ed. Sua